叢書 世界システム 3

世界システム論の方法

山田鋭夫
原田太津男
尹春志・訳

藤原書店

責任編集 イマニュエル・ウォーラーステイン

Immanuel WALLERSTEIN ed.

RESEARCH PROJECTS OF THE WORLD-SYSTEM

(Essays selected from REVIEW)

Japanese translation published by arrangement with
Fernand Braudel Center
through The English Agency (Japan) Ltd.

叢書〈世界システム〉3

世界システム論の方法　目次

序　世界システムはいかに研究すべきか　I・ウォーラーステイン　山田鋭夫訳　7

世界―経済の階層化
――半周辺圏の探求――
G・アリギ／J・ドランゲル　13
▼従来、世界システム論で曖昧なまま取り残されてきた「半周辺」概念を精緻化し、中核・半周辺・周辺からなる世界―経済の三層構造の動態過程を、一九三八―八三年の四五年間にわたって実証的に分析する。　尹春志訳

世帯構造のパターンと世界―経済
R・H・マクガイア／J・スミス／W・G・マーチン　89
▼一八七三年から一九六七年にわたってメキシコと南アフリカ、米国を比較して、世帯構造が世界―経済において高賃金・低賃金地帯の相違を生みだす仕組みと、その背景に、部分的な賃労働化と商品化が存在していることが指摘される。　原田太津男訳

歴史的視点からみた労働運動のグローバル・パターン
世界労働にかんする研究ワーキンググループ　115

▼労働運動には「政治的」と「社会的」との二つのパターンが検出される。これを世界システム論から説明するため、生産構造、労働過程、労働力構造に着目した仮説を提示し、論証に向けて四つの研究段階を提案する。　山田鋭夫訳

一八〇〇年以前の世界－経済における商品連鎖

T・K・ホプキンス／I・ウォーラーステイン

▼農村経済から都市経済、国民経済をへて国際経済に至るという通説を批判し、一五九〇年から一七九〇年に世界的規模での分業が存在したという主張を検証するために、主要生産物である船舶と小麦粉の商品連鎖を分析する。　原田太津男訳

137

南アジアの編入と周辺化
――一六〇〇―一九五〇年――

R・パラット／K・バー／J・マトソン／V・バール／N・アーマド

▼インドの近世・近代史における、インド洋世界－経済の成立と崩壊、インドの植民地化、工業生産の拡張、国民会議派の運動、インド分割について検討し、南アジア史への世界システム論的アプローチを提示する。　原田太津男訳

155

参考文献

203

叢書〈世界システム〉3

世界システム論の方法

凡例

一　本書は、I・ウォーラーステインの責任編集による叢書〈世界システム〉の第三巻であり、この叢書は日本語版のために独自に編集された。

二　ここに第三巻『世界システム論の方法』として編集・訳出された諸論稿の原題や初出は、順に左のとおりである。いずれも雑誌 *Review* (Fernand Braudel Center for the Study of Economies, Historical Systems, and Civilizations, State University of New York, Binghamton), Volume X, Number 1, Summer 1986, Anniversary Issue : The Work of the Fernand Braudel Center に掲載されたものである。

Immanuel Wallerstein, “Introduction”.

Giovanni Arrighi & Jessica Drangel, “The Stratification of the World-Economy : An Exploration of the Semiperipheral Zone”.

Randall H. McGuire, Joan Smith & William G. Martin, “Patterns of Household Structures and the World-Economy”.

Research Working Group on World Labor, “Global Patterns of Labor Movements in Historical Perspective”.

Terence K. Hopkins & Immanuel Wallerstein, “Commodity Chains in the World-Economy Prior to 1800”.

Ravi Palat, Kenneth Barr, James Matson, Vinay Bahl & Nesar Ahmad, “The Incorporation and Peripheralization of South Asia, 1600-1950”.

三　同誌同号には他に、南アフリカにかんする W. G. Martin の論文、および東地中海港湾都市にかんする R. Kasaba らの論文が収録されているが、本訳書では省略されている。

四　序（ウォーラーステイン）のタイトルおよび第一論文（アリギ／ドランゲル）の項タイトルは、訳者によるものである。

五　訳文中、（　）および［　］は原文のまま。なお（　）は訳者による原語挿入の場合にも使用した。また、〔　〕は訳注ないし訳者補足、「　」は原文の“　”であり、傍点、、、は原文が強調のためのイタリックの箇所である。

序　世界システムはいかに研究すべきか

イマニュエル・ウォーラーステイン

ここにわれわれは、フェルナン・ブローデル・センターのいくつかの研究ワーキンググループからの一連の報告を読者に提供し、もって『レヴュー』(*Review*) 誌創刊一〇周年を記念したい。これら諸報告から読者が、目下進行中のわれわれの知的営為の広がりについてだけでなく、それと同時に、われわれが研究活動を組織していくやり方についても、あるイメージが得られるようにと願っている。

はじめに研究組織について一言述べたい。われわれのセンターにはいくつかの研究ワーキンググループが置かれている。各グループは通例五～一五人のメンバーからなり、かれらは各種分野出身の教授や大学院生である。多くの場合、第一のステップがいちばん困難にみちている。それは明確化の段階である。つまり、われわれが着手しようとする問題はたいてい、すでに誰か他の人によって手がつけられてきた。だがわれわれはそれらの問題を、世界システム論と自ら称するパースペクティブから研究しようとしているのである。他人はまだなしえていないとわれわれが主張でき、またそのように考えることさえできるのは、どういうことなのか。それをわれわれは、それぞれの場で明確にしなければならない。

この作業はすぐに終わる場合もあれば、数年を要する場合もあり、また失敗してそのグループが解散する場合もある。こうした作業段階のものが、書かれた成果に至ることはめったにない。しかし時には、そのグループが、自らの当初の考えを公的な批判にさらすよう要請されていると感じることもある。南アジア・グループのケースがそれであって、このグループは本誌掲載の論文〔本書第五論文〕を一九八五年の第一四回南アジア・コンファレンスに提出した。この論文は、当該分野における論争点を検討したものである。そこでは五つの主要問題が選び出され、解答すべき方向が示唆されている。これは一種の下草刈りの段階にあるものだといえよう。

だが、論争点を検討するというのはどんなに実りが多かろうとも、それ自身は研究でない。次のステップがおそらく最大の困難をなす。つまり、明示された知的難問を定式化し、その難問に着手しうる一連の具体的な研究ステップを定式化することである。これはつねに難題をなす。もっともこれを集団的に行なおうとすると、おそらく内部批判のプロセスがあるからはるかに注意深くなされることが多いとはいえ、困難はいっそう大きくなる。以下では二つの公式の研究提案を示したい。商品連鎖〔本書第四論文〕ならびに労働運動〔第三論文〕についてである。これら両プロジェクトは現在進行中である。

第三ステップはまちがいなく最も魅力的である。つまり実際の研究だ。われわれの場合、研究グループは集団で決めた相互の課題分担によって進められている。自らの仕事の中間報告を提出するに十分なグループが三つある。世帯構造〔本書第二論文〕、南部アフリカ〔本書では省略〕、東地中海港湾都市〔同〕にかんするグループである。これらの報告には進行中の研究が示されている。資料はまだすべてが収集されたわけでない。結論が出たわけでもない。だが、研究への明確な方向づけは示されている。

最後に、こうした研究がすべてなされた時、モノグラフという形で成果が生まれる。これは多分、最も満足すべき局面であろう。モノグラフ的な研究は副産物として、いくつかの発見を総括することによって、後継者の研究に道を開くことも多い。半周辺についての論文〔本書第一論文〕は、まさにそうした完成された副産物である。

以上のような諸論文を、ここでは順序をひっくり返して提示する。最初に完成品を、それから進行中の研究を、その次に研究提案を、そして最後に研究分野の検討を、という具合にである。

ところで、これら諸論文といえども、じつはわれわれの知的関心を例示するものでしかない。われわれは、史的システムとしての資本主義世界－経済（world-economy）を分析しようとしているのである。われわれの研究のなかには、トピック中心に組織されているものもあれば、いろいろな地理的圏域（geographical zones）の枠内にあるものもある。だが、それらのすべてが課題としているのは理論的問題なのである。

半周辺グループが関心を寄せてきたのは、世界－経済の構造は継続的に三層的（trimodal）だということが証明されるかどうか、そしてもしそうであるなら、そういった三層的分布が維持されるメカニズムは何であるか、とりわけ半周辺群はいかに持続していくのかということである。

世帯グループの関心は、賃金水準は世界－経済のさまざまな圏域で大きく異なっているが、そういった不均等性は賃労働がどのように各種世帯構造へと編入されているかということによって説明可能かどうか、また逆に今度は、各種世帯構造のあり方はどの程度まで世界－経済情勢が変化した結果なのかを確かめることにある。

南部アフリカ・グループの関心は次の問いにある。すなわち、世界－経済の枠組みのなかにあって、この地域内の諸国家にいくつかの経済行動を強制するような地域（regions）と呼ばれる何ものかが構築されたのかどうか、また、もしそうならば、そういった地域はどのように、誰によって、誰にたいして構築されたのかという問いである。

東地中海グループが興味をもっているのは、かつての外部世界（external arena）が世界－経済に合体され、ついでこれが周辺化されたわけだが、その政治的帰結は何かということである。オスマン帝国のケースがそれである。とりわけ、国家間《インターステイト》システムの内部で諸国家がどのように形成され、また周辺化プロセスにおいて中心となる人物（この場合は港湾商人）がナショナリズムの形成においてどのような役割を担ったかという問題である。

世界労働グループの関心は、労働運動がその存在の全期間にわたって、また世界各国ごとに、その戦闘性の程度に差があるのはなぜかを説明することであり、世界－経済の構造変化を反映するような体系的な運動パターンが存在するどうかを説明することである。

商品連鎖グループが興味を寄せるのは以下の点である。すなわち、こうした連鎖を通じての世界－経済における生産諸過程の統合は、世界－経済の当初から存在したのだとどの程度まで証明できるか、またこうした連鎖は不断に様変わりするのだが、そういったことは情勢の変化と直接に連動しているのだと言いうるかどうか、ということである。

何らかの単一の知的焦点が定まっていないのは南アジア・グループだけである。というのも、他でもないこのグループは、まだ自らの研究提案を定式化していないからである。というか、このグループの仕事は、世界システムという理論的パースペクティブに敏感な人間の眼からは、特定の時－空ゾーンにかんする既存の史料総体がいかに読まれうるかを示すものとして理解されるべきである。
ある意味でフェルナン・ブローデル・センターは、われわれの全仕事――そう、全世界の学者共同体の仕事――は、多分に「進行中」(in progress) のものだと信ずる。われわれはそういった材料を、基礎諸概念をめぐるわれわれの討論、フィードバック、批判、集団的再検討に向けての継続的探求の一部として公表する。多くの方々の参加を歓迎したい。

（山田鋭夫訳）

世界－経済の階層化

――半周辺圏の探求*――

ジョバンニ・アリギ
ジェシカ・ドランゲル

I　問題提起

I・1　近代化論と従属論の見解

近代化論でいう「成熟（maturity）」と「後進（backwardness）」の中間、従属論でいえば「中心」と「周辺」の中間のポジションに永久にとどまるかにみえる多数の国家の存在が、世界－経済（world-economy）の最も顕著な特徴の一つとなっている。そうした国家の例としては、アルゼンチンやチリ、メキシコ、ブラジルなどのラテン・アメリカ諸国を挙げてもよいし、南アフリカや南欧の大部分の諸国、ソ連を含む東欧諸国がそれに相当すると考えてもよい。

これらは全て二〇世紀を通じて多様な社会的経済的変容を遂げた国家であり、多くの場合、そのプロセスは政治的動乱を伴うものであった。世界システムには、いかなる時代でも、そこにおける地位と富の基準を設定する選ばれた国家群（select group of states）と呼びうるものが存在する。右に列挙した諸国は、その社会的経済的変容にもかかわらず、この選ばれた国家群に重要な点で「キャッチアップ」できていない。そのため、こうした観点から一群の国家を取り上げれば、それが世界システムで占めるポジションは、今日も五〇年前や一〇〇年前と同程度に中間的なものであるようにみえるのである。

このように相対的に安定した中間国家群が存在することは、近代化論や従属論の予想と相容れないものがある。近代化論からすれば、中間的ポジションとは移行期（transitional）に他ならず、そのため、それは一時的なものであるとみなされる。つまり、この議論では、いくつかの国家が中間的ポジションを占めるのは、その国家が後進から成熟へと向かう途上にあることを意味している。これにたいして、従属論でも、同様に中間的ポジションは一時的なものと位置づけられるが、それは世界－経済の分極化の残余（residual）だと考えられている。すなわち、中間的ポジションに位置する国家は、世界－経済の分極化傾向に従って究極的には中心へと上昇するか、周辺へと下降するのである。このように、近代化論と従属論は、異なる前提、まさに正反対の前提から出発しつつも、中間的ポジションが本質的に不安定であると想定する点で見解の一致をみているといってよい(1)。

I・2 「従属」国家論の欠陥

一九七〇年代に入ると、中間的ポジションの重要性を強調する理論が登場し、近代化論や従属論の見解は陰に陽に疑問視されるようになる。そうした理論の中には、主に従属論にいくつかの留保を設け、それを精緻化する形で「半帝国（semi-imperial）」国家（Marini, 1969）や「仲介国家（go-between nations）」（Galtung, 1972）を定義し、中心と周辺の中間的ポジションの概念化を図るものもあった。他方で、従属構造を再生産しながら、全般的な開発、とりわけ工業化を実現する国家の存在を認める理論も出てきた（Cardoso & Faletto, 1979）。

従属論にたいするこうした留保と精緻化の重要性は無視できないものの、そこには主に次の二つの欠陥がある。第一に、これらの議論の射程は極めて狭く、そのため分析対象が、ラテン・アメリカ諸国に典型的な「従属（dependent）」国家もしくは「被支配（subordinate）」国家という特殊ケースに限定されている、という点である。その結果、それは中間的な社会経済的地位にある国家の最も重要な事例、何よりもソ連を分析の埒外に置くという過ちを犯してしまっている。世界二大超大国の一つであるソ連が、従属的地位や被支配的地位にあるとはけっしていえないであろう。また逆に、分析対象をこのように狭めてしまうと、あらゆる点で中核の地位を獲得している（たとえばカナダのような）国を、「構造的従属（structural dependency）」の特徴を示しているという理由で、中間的国家の一つに含めることにもなりかねないのである。

第二に、当該の諸理論は、世界システム論的表現で語られているが、その装いに反して、分析対象は、中間的ポジションや「従属的発展（dependent development）」を遂げた個別国家に置かれている。そのため、こうした分析は、個別国家に当てはまることが国家群には当てはまらないという意味で、さまざまな「合成の誤謬」に陥ってしまっているのである。

I・3　ウォーラーステインの半周辺概念

これら先行理論に依拠しつつも、ウォーラーステインが半周辺（semiperiphery）概念を導入したのは、まさにこの二つの欠陥を埋めるためであった。この概念の詳細を批判的に検証するという課題は、本稿の後半部に譲るとして、現時点では、世界－経済が中核－周辺関係に構造化されると想定されているという点で、ウォーラーステインの議論が、従属論の系譜に連なるということを指摘するにとどめたい。だが、ここで一つ注意しなければならないのは、ウォーラーステインのいう中核－周辺関係が、ほとんどの従属論的見解とは異なっているということである。かれにあって、中核－周辺関係によって連結されるのは、国境を越えた商品連鎖（commodity chains）に構造化される経済的諸活動であって、国民経済や地域経済ではない。それゆえに、ウォーラーステインの中核－周辺関係は、中核的経済活動《コア・アクティビティ》と周辺的経済活動《ペリフェリー・アクティビティ》で構成されることになる。そして、前者は、ある商品連鎖内部で創出される総剰余の大部分を支配する経済活動であり、それにたいして後者は、そのような剰余をほとんどあるいはまったく支配しない経済活動である、と定義することができる。

あらゆる国家は、自己の国境の内部に中核的経済活動と周辺的経済活動の両方を取り込んでいる（en-close）。だが、支配的に取り込む活動が中核的経済活動となる国家もあれば、周辺的経済活動となる国家もある。こうした違いによって、前者は中核国家となり、世界的蓄積と権力の座（locus）を占める傾向を持ち、後者は周辺国家として搾取され、権力を奪われる（powerlessness）ようになるのである。(2)

この極めて不平等な分極化システムに、正当性と安定性を与えているのが、半周辺国家の存在に他ならない。ここで半周辺国家に中核国家及び周辺国家と同様の定義を与えれば、自己の境界内に取り込んだ中核－周辺活動の構成《ミックス》が、多少とも均等な国家ということになる。まさに、半周辺国家では、その境界内に入る中核－周辺活動の構成が、相対的に均等なものであるために、中核に上昇するほどの力はないにしても、周辺化（peripheralization）作用に抵抗するだけの力は行使できると仮定されるのである。

右で設定した諸仮定は、あくまでも国家群（中核、半周辺、周辺）に当てはまるのであって、個別国家にたいするものではない。

経済活動の場（loci）は、時間の経過とともに変化し続ける……それゆえ、「進歩する」地域もあれば、「後退する」地域もある。しかし、特定の国家が半周辺から中核へ、あるいはその逆へと世界－経済における自己のポジションを変えるからといって、本来、そのシステムの性格そのものが変化するわけではない。なるほど、個別国家にとって、こうした転移は「発展」あるいは「後退」とみなされる。だが、ここで注目すべき重要な要素は、資本主義世界－経済内部では、全ての国家が同時に「発展する」ことは定義上不可能であるということである。つまり、このシステムは、中核と周辺という不平等な地域が存在してはじめて機能するものなのである（Wallerstein, 1979: 60-61、邦訳Ⅰ一八一ページ、強調は原文による）。

この概念化に従えば、国家で構成される各階層もしくは国家群の相対的重要性は、資本主義世界－経済の歴史を通してほぼ不変であったと考えられる（Hopkins & Wallerstein, 1977: 129、邦訳四六ページ）。そして、この世界－経済の安定的な三層構造が、翻って、システムの正当性と安定性を高める重要な役割を担うとみなされるのである。(3)

本稿の主たる関心は、中間的国家が、世界－経済の構造的ポジションの一つを明確に構成している、という主張に置かれている。以下では、世界－経済の全史ではなく過去四五年間という時期を取り上げ、まず、この時期に世界－経済の三つの異なる構造的ポジションが、実証的に確定できるかどうかを検討し、次に、各階層の相対的な重要性が、その時期果たしてほぼ不変であるといえるかどうかという点に議論を進めることにしたい。

I・4　半周辺概念の曖昧さ

だが、このように問題を限定しても、容易に解答が得られるわけではない。実際、半周辺圏を確定する方法という面で、ウォーラーステインの指摘はあまり有効なものではない。このテーマにかんする初期の著作の中で、かれは、「半周辺国家をみるというが、それはどのようにすれば語ることができるのか」という問いを立て、自ら次の二つの基準を提示することで、その問いに答えている。かれの提示した第一の基準は、「不平等交易のシステムのなかで、半周辺国は、それが輸出する生産物の種類において、またその賃金水準と利潤率の点で中間に位置する」というものであり、「政治機構としての国家が(国内的及び国際的)市場を統制することで獲得する直接的かつ即時的利益が、半周辺国家では中核国家や周辺国家よりも大きい」というのが第二の基準に当る(Wallerstein, 1979: 71, 72、邦訳I―九四―九六ページ)。

こうした基準を設定したにもかかわらず、後の著作で、かれは次のようにも論じてしまっている。半周辺には、

> 経済力のあるラテン・アメリカ諸国、つまりブラジル、メキシコ、アルゼンチン、ベネズエラ、そしておそらくはチリやキューバが含まれる。また、ヨーロッパの外縁部(outer rim)全体――すなわち、ポルトガル、スペイン、イタリア、ギリシアからなる南欧の階層、東欧の大部分、そしてノルウェーやフィンランドといった北欧の階層――も半周辺に当るだろう。さらに、アルジェリア、

エジプト、サウジアラビアといった一連のアラブ諸国やイスラエルもまたそれに属している。アフリカでは、少なくともナイジェリアとザイールが、アジアではトルコ、イラン、インド、インドネシア、中国、朝鮮、ベトナムが含まれ、旧白人英連邦諸国であるカナダ、オーストラリア、南アフリカ、そしておそらくはニュージーランドも半周辺に入れてよい（Wallerstein, 1979: 100、邦訳Ⅰ―一三三ページ）。

この長大なリストを構成する国家の人口を合計すれば、世界人口のほぼ三分の二に達する。このことからも、このリストが、さきの二つの基準にもとづいて作成されたものではないことは明らかである。実際、そこに掲げられているのは、（一）きわめて異なる種類の生産物を輸出し、（二）きわめて異なる賃金水準（そして、示しうる限りきわめて異なる利潤率）によって特徴づけられ、（三）国内市場及び世界市場にたいして追求する政策もばらばらな国家に他ならない。つまり、このリストは、所得水準か国家間《インターステイト》システムにおける権力《パワー》のいずれかの観点からみて、世界―経済で中間的ポジションを占めると考えられる国家を全て列挙しているにすぎない。したがって、このリストでは、半周辺概念で表現されるポジションと世界―経済の構造との結びつきは完全に見失われており、それを作成するのに、半周辺のような概念に言及する必要はまったくないといってよい。

こうした状況を踏まえれば、半周辺概念に共感し、それを実際に使用してきた研究者ですら、この概念の曖昧さと操作性のなさに不満を募らせていることはさして驚くに値しない。たとえば、ミルクマンは、この概念を「国際関係の理論化をめざす多くの研究で、遅々として改善されないまま未だに流布している二分類理論体系（two-category schemes）に代替するもの」として歓迎しつつも、「ウォーラーステインの枠組みの中で最も脆弱で最も曖昧な構成要素である」との評価を下している(Milkman, 1979: 264)。また、半周辺概念を用いて「ブラジル・モデル」の位置づけを行っているエヴァンズも率直に認めているように、「半周辺」というアイディアが理論的に明確にされ、「半周辺」諸国の特徴がさらに精緻化されないかぎり、この用語の使用は、単純に「周辺国」とはみなせないが、構造的には「中心国」ともいえない諸国を分類するカテゴリーが存在する、と主張する手段の域をでるものとなってはいないのである（Evans, 1979: 291）。

しかしながら、このように半周辺概念の使用を最小限にとどめるならば、この概念がもつ革新力（innovative thrust）やそれがもつ豊富な理論的実践的含意を不当に貶めることになってしまう。したがって、本稿では、当該の概念を理論的にさらに明確にするとともに、その操作性を高めようとするエヴァンズの試みに着目したい。そこで、第Ⅱ節では、ウォーラーステインによる半周辺の概念化に再度言及し、その精緻化を図る。第Ⅲ節では、この概念化の修正を通じて世界－経済の三つの圏を実証的に確定する操作基準を導出する。こうした基準を一九三八年から八三年のデータに適用することで、当該の三つの圏を確定するだけでなく、世界－経済全体とそれを構成する各圏の興味深い発展パターンを考察することが可能となるであろう。そして第Ⅳ節では、以上の分析結果を踏まえ、その主たる理論的含意と残された課題を簡潔に提示することにしたい。

Ⅱ　半周辺概念

Ⅱ・1　世界分業のポジションとしての半周辺

半周辺は、これまで次のように語られてきた。

半周辺概念は、依然としてその語法の曖昧さの囚人（prisoner of ambiguity）である。というのも、この概念に言及するとき、二つの異なる定義を実際に一致させることなく用いているからである。定義の一つ目は、経済的視点から、半周辺は、空間的に配置され、そこに出入りする「剰余（surplus）」の合計がゼロの状態から急激に増大する地域をカバーする概念である、とするものである。これは、世界－経済のヒエラルキー内で、中核との負の収支（negative balance）を、その他の発展途上国との正の収支（positive balance）と結びつける中間的状態を示している……二つ目の定義は、政治的視点から、競争を受け入れつつも、キャッチアップ政策を追求することで、自己の相対的ポジションを改善しようとする諸国家の自発的行動を重視するものである（Aymard, 1985: 40)。

時に国家間システムのヒエラルキー内部の中間的ポジションを指すものとして用いられるために、「半周辺」という用語の曖昧さはよりいっそう増幅されている。たとえば、世界分業に関連する国家のポジションと国家間システムにおけるポジションとの混同は、第Ⅰ節で言及したウォーラーステインの半周辺国家の長大なリストの根底にみられる。また、チャイロットの次の主張にも、この種の混同がより鮮明に現れている。かれによれば、完全な脱植民地化によって、中核諸国と周辺諸国のパワーの較差が縮小している今日、公式の主権の確立とともに周辺諸国と呼びうるものはもはや存在せず、アジア、アフリカ、ラテン・アメリカの諸国も、今や半周辺と分類することができるようになっている、というのである（Chirot, 1977: 148,179-81）。

本稿では、こうした曖昧な使用を回避するために、「半周辺」という用語を、もっぱら世界分業のポジションに言及するために用い、国家間システムのポジションという観点からは使用しないことにする。このように使用範囲を限定するのは、経済的世界の支配権と政治的世界の支配権が密接に連関していないと考えるからではない。むしろその意図するところは、この二つの支配権の分離が、（世界帝国とは対照的に）資本主義世界－経済固有の特徴となっており、それは支配権の存在を仮定するだけで済ませるのではなく、綿密な理論的実証的検証に付さねばならない、という点を強調することにある（Ⅱ・5以下、参照）。

Ⅱ・2　中核－周辺関係の定義

世界システム論は、世界－経済の構造を、中核－周辺の二分法で定義している。だが、この二分法に依拠することが、曖昧さをさらに増大させているのである。世界－経済には、それを定義しその範囲を決定する単一の包括的な分業が存在し、この分業を構成する経済活動間で行われる報酬の分配は、不平等なものとなる。世界システム論で中核－周辺の二分法が採用されるのは、この点を明示することに主眼が置かれるからある。そこでは、こうした活動の全てが、商品連鎖（commodity chains）において統合されると仮定される。[4] また、ここで商品連鎖は、次の二つの観点から分析することができる。一つはマルクス主義的批判理論や古典派経済学に典型的な見解で、総生産物が労働所得、資産所得、そして「純利益」もしくは企業家所得と呼びうる残余に分配されるとみなしている。これにたいして、世界システム論に典型的な見方は、総生産物の分配が、生産要素間ではなく、さまざまな生産要素の組み合わせからなる商品連鎖の結節点（node）（「経済諸活動」）の間で行われると考えている。

同じ生産要素でもユニットが異なれば、追求する活動の種類も異なるために、それによって得られる報酬にも不平等が生じる。古典派経済学（およびマルクス）は、（主に純粋競争を仮定することで）この点を意図的に無視してきた。古典派経済学が無視したこの点を概念化の中心に据えるものこそ、世界システム論に他ならない。だが、世界システム論は、その新たな理論構築において（古典派経済学が不労所得を示すために使った）「剰余（surplus）」という用語を、それが持つ意味を明確に定義することなく使用し続けてきた、という難点を抱えている。

これにたいして、本稿は、「剰余」という用語の使用は、中核－周辺関係を定義するのに、必要でもなければ役にも立たないと考えている。本稿の目的からすれば、（労働力にたいする報酬を追求するのか、資産や企業家のエネルギーにたいする報酬を追求するのかに関係なく）、経済的アクターは、競争を前提として受け入れることはなく、自己に及ぶ競争圧力を他のアクターに絶えず転嫁しようし、なかにはそれに成功するものもある、ということを仮定するだけでよい。[5] この仮定を置きさえすれば、各商品連鎖そして全ての商品連鎖を構成する結節点や経済的諸活動は、競争圧力を転嫁しようとするポジション（中核的経済活動）と競争圧力を転嫁されるポジション（周辺的経済活動）に分極化するという傾向を導きだすことができるのである。

こうした分極化の結果、周辺的経済活動における報酬の集計値は、生産要素が包括的な世界分業の外部で使用された場合よりも僅かに高い水準にしかならない。他方で、中核的経済活動における報酬の集計値には、世界分業の利益全体の全てではないにしても、その大部分が含まれるようになる。[6] だが、中核的経済活動や周辺的経済活動で使用される各生産要素にたいする報酬（賃金、地代、利潤）に、高低が生じるかどうかは、報酬の集計値とはまったく関係がない。それは、集計された報酬が、それぞれの経済活動の内部で、賃金、地代、利潤にどのように分配されるのかに左右されるのである。

この意味での分配を決定するためには、追加的な仮定や仮説が必要である。だが、それも中核－周辺活動の定義とはまったく関係がない。たとえば、中核的経済活動における報酬と周辺的経済活動における報酬の格差が、すべて利潤に吸収されると仮定することもできる。その場合、賃金と地代、もしくはそのいずれかが、中核的経済活動と周辺的経済活動の双方で等しくなるだろう。また、賃金と地代、またはそのいずれかが格差を吸収すると仮定すれば、利潤が、中核的経済活動と周辺的経済活動で等しくなる。ウォーラーステイン（Wallerstein, 1979: 71; 1984: 16）やチェース＝ダン（Chase-Dunn, 1984: 87）、その他の論者が指摘しているように、一連の制限的な仮定を設ければ、中核的経済活動と周辺的経済活動を区別する一つの基準として、賃金水準（あるいは利潤水準）を採用することは可能である。だが、この一連の制限的な仮定は、中核－周辺関係を厳密に定義するために必要でもなければ、（報酬の要素間分配の観点からみて）中核－周辺関係を歴史的に再生産してきた状況の多様性を理解するという面で有意であるわけでもない。したがって、以下では、ある経済活動が中核的地位にあるのか、周辺的地位にあるのかを判断する指標としては、報酬の集計値だけを取り上げることにする。

II・3　創造的破壊のプロセス

さらに、本稿では、（産出で定義するか、使用される技術で定義するかに関係なく）なんらかの特定の経済活動が、本来的に中核的であったり、本来的に周辺的であったりすることはない、という仮定を設けている。どんな活動も、特定の時点で中核的にもなりうるし、周辺的にもなりうるが、各々の活動がそうした特徴を持つ期間は限られている。だが、その一方で、いかなる特定の時点をとっても、生産物や技術のなかには、中核的と呼びうるものや、周辺的と呼びうるものが常に存在しているのである。(7)

こうした仮定を設けるのは、資本主義経済で競争圧力を生み出し、それを持続させる根本的な推進力は、シュンペーターによって「新生産関数の設定（the setting up of a new production function）」（Schumpeter, 1964: 62、邦訳第一巻一二六ページ）と定義される利潤志向のイノベーションにあるとみなしているからである。それは、われわれの用語では、商品連鎖の編成、拡大、深化、再構築と言い換えることができる。このようにイノベーションを広義に定義すれば、そこには新しい生産方式や新商品、新たな供給源、新しい貿易ルートと新市場、そして新しい組織形態の導入といったものが含まれることになる。

こうしたイノベーションが挿入されることによって、「不断に古いものを破壊し新しいものを創造して、経済構造は絶えずその内部から根本的に変革されていく」(Schumpeter, 1954: 83、邦訳上巻一四六ページ)。シュンペーターの見解では、この「創造的破壊」のプロセスが、資本主義の本質的事象である。創造的破壊は、「利益の最も重要な即時的源泉であるばかりでなく、それが作動する過程を通じて、偶発的な利益や損失が生じる状況や投機的な操作が重要な範囲を占める状況の大部分を間接的に生み出す」(Schumpeter, 1964: 80、邦訳第一巻一五四ページ)。また他方で、それは不均衡と破壊的な競争を引き起こす。創造的破壊は、既存の生産的な結合を陳腐化し、広範囲にわたって損失を生み出すのである(Schumpeter, 1964: 80)。

その結果、

> その特定の努力を喚起するのに必要なはずのものよりもはるかに多くの［豪華な］賞品が、ごく少数の勝利者の懐に転がり込む。こうして、それは、より平等かつより「公正な」分配よりもはるかに効果的に大多数の実業家の行動を促進することになる。その実業家たちは、ごく僅かな報酬を貰うか、全然何も貰わないか、却って損をするかの何れかであるが、それでもなおかれらの眼前には大きな賞品がぶらさがっており、それを獲得するチャンスは、各人にまったく平等にあるのだと思い込んでいるので、自己の最善を尽くしてやまないのである(Schumpeter, 1954: 73-74, 邦訳上巻一三〇ページ)。

シュンペーターは、こうした概念化を通じて、とりわけ経済的な「繁栄」と「不況」という長期の局面、今日、A局面とB局面と呼ばれているものの交替を説明しようとした。生産関数における根本的変化《レボルーション》が、不連続な突発的事態のなかで生じ、それが互いに比較的平穏な時期で区切られると仮定することによって、かれは、創造的破壊過程の不断の作用を二つの局面、つまり厳格な意味での革命の局面とそうした革命の成果を吸収する局面に分類している。

> こうしたことが開始している間（while）、活発な支出と優勢な「繁栄」……が生じ、次いでそれが完結してその効果が流出している間に（while）、産業構造の古臭い要素の排除と圧倒的な「不況」が生じる（Schumpeter, 1954: 68, 邦訳上巻一一二ページ）。

利潤志向のイノベーションとその効果（一方における競争の抑制と他方における競争の強化）が、時間の経過とともに（in time）特定の集団に集中する（cluster）、とシュンペーターが仮定したのと同様に、（その他の主張の有効性の如何を問わず）それらは特定の場所へと空間的（in space）に集中するとみなすことができる。言い換えれば、上述の引用文の「間に（while）」は「場所で（where）」に置き換えることができ、この引用文は、時系列的な（in time）A－B局面の叙述ではなく、空間的な（in space）中核－周辺関係の叙述に読み替えることができるのである。(8)

II・4　競争圧力と中核－周辺活動の群生

資本主義企業が、単一の活動にのみ従事することはあったとしても稀であり、通常、資本主義企業は組織内部に種々の活動を保持している。それゆえ資本主義企業の活動は、中核－周辺活動の構成によって特徴づけられることになる。その結果、最大の／より高い利潤を追求するために、各企業は、特定の時点で従事している活動を変容させるだけでなく、新たな事業分野に参入し、それ以外の活動を捨て去ることによって、絶えずその構成のレベルを高めようとする。このことは、資本主義企業の各々が、イノベーションを通じて、競争圧力を生み出すのみならず、常にそしてそれとともに他の企業によって生み出された圧力に対応――つまり、競争圧力の高いあるいは高まりつつある活動から退出し、競争圧力が低いもしくは低下しつつある活動に参入――しようとする、ということを意味している。

この過程にかんして注意すべきは、次の二点である。第一に、それは、ゼロサム・ゲームとなる。ある活動が中核的地位に上昇するということは、一つ以上の他の活動が、周辺的地位に下降することを意味する（つまり、それは競争圧力が、ある活動から他の活動へとシフトすることを意味する）。そのため、ある企業による中核－周辺活動の構成の格上げ（upgrading）は、多かれ少なかれ、他の企業における構成の全般的な格下げ（downgrading）と同義となる。第二に、資本主義企業が、（資産、専門知識、特殊な知識そして組織の）「蓄積」の場であるという点を踏まえれば、企業が、現在、活動の構成のレベルを上昇させることができるかどうかは、ある程度、過去においてそれに成功したかどうかに左右される、という点である。

したがって、中核的経済活動は、相対的に少数の企業グループに群生する傾向を持ち、シュンペーターの言を借りれば、そうした企業は、「その性質上侵略者であって、真に有効な競争の武器を行使する」企業となる（Schumupeter, 1954: 89, 邦訳上巻一五五ページ）。今や明らかなように、この「真に有効な競争の武器」とは、特定の領域内でイノベーションの不断の流れを生み出すことによって、あるいは他の企業のイノベーションに対応して活動領域そのものをシフトさせることによって、競争圧力を自己の組織領域からその領域外の活動へと絶えずシフトさせる能力を指す。そこで、中核的経済活動が群生する傾向を持つ企業グループを、「中核資本（core capital）」と呼び、その反対の企業グループ（競争圧力が自己の活動領域にシフトされ、必然的に大規模化する企業グループ）を、「周辺資本（peripheral capital）」と呼ぶことにしよう（Averitt, 1968 参照）。

だが、中核的経済活動と周辺的経済活動が、異なる二つの企業グループに群生するからといって、世界－経済空間に、中核圏と周辺圏への類似の二極分化が生み出されるといえるわけではない。たしかに、資本主義企業の二極分化は、中核資本が、どこかには配置されねばならないという当たり前の意味では、いかなる時点でも空間的次元を持っている。また、中核企業の結合によって創出されるなんらかの外部経済が、中核企業を同じ立地に引き付ける要因となると考えることもできる。その意味では、こうした立地群の総体を、「中核圏」と呼んでもよいだろう。

ところが、一般的に言って、この種の空間的な分極化は、いかなるものであれ、長期的にみれば極めて不安定である。それは、中核圏における立地の「コスト面での劣位性（cost disadvantage）」が、不可避的に「収益面での優位性（revenue advantages）」を上回らざるをえないという事情による。すなわち、中核資本が、中核圏で活動することで享受する主要な優位性は、中核的経済活動から得られる高報酬によって与えられる大規模かつ安定的な市場への近接性である。ところが、こうした高報酬は、常にある程度、周辺圏よりも高い地代や賃金あるいはそのいずれかとなって跳ね返ってくる。中核資本が、特定の中核的立地に集中すればするほど、こうした高地代や高賃金にかかわる劣位性が、高報酬への近接性という優位性を上回り、その結果、かつて相対的に周辺的な立地であった場所への中核資本の再配置が始まるのである。このように、資本主義企業の利潤極大化活動以外に要素が存在しないとすれば、世界－経済空間の中核圏と周辺圏への両極分解は、極めて不安定な（volatile）ものとなる。つまり、いかなる特定の時点でも、中核的経済活動と周辺的経済活動は、異なる場所に群生することになるが、中核圏や周辺圏の役割を担う立地は、絶えず変化し続けるのである。

Ⅱ・5　中核－周辺構造と国家の役割

しかしながら、現実には利潤極大化活動以外にもいくつかの要素が存在し、歴史的にもそうした要素が、絶えず作用し続けてきた。実際、資本主義企業間の競争的な対立が、政治的空白状態（political void）で起こることはなく、それは、国家の形成――すなわち、公的な主権の領土的管轄権（formally sovereign territorial jurisdictions）の形成――と密接な関係にあるといってよい。とすれば、われわれは、世界システム論に従い、第一に、そのような（その各々が、自己の管轄内部の政治的決定にたいして自律的な責任を負い、自己の権威を維持するために軍事力を行使できる）多様な国家の存在が、世界－経済の形成には必要不可欠な要素であり、第二に、ほぼ全ての商品連鎖は、その重要度に関係なく、国境を越える広がりをもってきた、と仮定することができる。

各国家は、商品、資産、労働力、企業家的エネルギーの国境を越える移動や国内移動にたいして公的な管轄権を有している。そして、そのことが、社会的分業の機能する様相（modalities）に、ある程度影響を及ぼす能力が、国家に存在する根拠となってきた。特定の経済活動を請け負う自由や、そうした活動に参入する自由を制限したり、逆にそうした自由を促進することによって、国家は、ある活動を中核的地位にまで高めたり、他の活動を周辺的地位に貶めたりすることができる——言い換えれば、国家は、世界－経済の中核－周辺構造そのものに影響を及ぼすことができるのである。

　仮に世界システムに単一の包括的な国家装置が存在するとすれば、それは真の意味で完全な独占力を行使することができる。そして、そうした国家装置は、中核－周辺関係を決定する唯一ではないにしても、主要な要因となりうる。また、もし包括的な世界分業というものが存在しないとすれば、並みいるなかで、いかなる国家装置を取り上げても、同じことがいえるだろう。だが、資本主義世界－経済は、多様な国家の管轄権によって分割され、生産関数におけるイノベーションという内生的ショックに絶えず晒されている。各国家装置が持つ中核－周辺関係の形成力は、他の国家の形成力によって、とりわけ経済的イノベーションから不断に生み出される競争圧力によって常に制約されている。

　ここで、国家もまた、ゼロサム・ゲームに引き込まれていると想定できる、という点に留意しなければならない。だが、そのゲームは、資本主義企業間で展開されるものと類似していはいるが、その目的と手段において異なっている。類似性が存在するのは、第一に、国家が、中核－周辺活動の構成体《ミックス》を自己の管轄権内に囲い込み、その地位を高めようとする点、第二に、いかなるものであれ、ある国家（あるいは国家群）によって囲い込まれる中核－周辺活動の構成体のレベルが、現実に上昇すれば、他の国家によって囲い込まれる中核－周辺活動の構成体のレベルが、多かれ少なかれ全般的に低下する、という点においてである。第一の仮定を所与とすれば、第二の仮定は、中核－周辺関係にかんするわれわれの定義から当然の帰結として導き出される。

ところが、国家は、利潤極大化の単位ではない。それはまた、自己の管轄権に入る経済活動を、資本主義企業ほど綿密かつ直接的に組織し管理するわけでもない。国家の第一義的な機能は、富の蓄積ではなく、他国からの挑戦と自国の被支配者からの挑戦に抗しつつ、特定の領土にたいする合法的な暴力行使の独占状態を再生産することにある。それゆえ、国家は、正統性を追求し、その際、武力（force）を行使するが、それは、通常、資本主義企業にとっては異質な目的と手段であるといえるだろう。

資本主義企業と国家のこうした違いを踏まえつつも、われわれは、国家もまた、中核－周辺活動の構成のレベルを高め（あるいはそのレベル低下を食い止め）ようとすると仮定する。「富」は、「権力」よりも容易に蓄積可能であるために、経済的支配権は、政治的支配権にはない累積的な性格を持つ。かくして、（非累積的な）政治的支配権を固めるべく、（累積的な）経済的支配権を行使する能力が、常に国家間の正統性と権力をめぐる対立、国家とその被支配者の対立において重要な構成要件となるのである。[9]

資本主義世界－経済で常に問題となるのは、国家のそうした能力である。経済的支配権を確立できるかどうかは、ほぼ世界分業への革新的な参与を実現できるかどうかにかかっているということができ（II・3）、主要な問題は、資本主義企業が、ますますそうした参与の専門代理人（specialized agencies）となっている、という点にある。すなわち、ある国家が、中核－周辺活動の構成のレベルを高めることができるかどうかは、主として（前節で定義した）「中核資本」を引き付け、それと有機的な連関を発展させることができるかどうかという問題に帰着するのである。この能力が、国家の政治的権力――つまり他国及び被支配者が、その支配権に従う可能性――の反映である、というだけでは十分ではない。以下で述べる理由から、こうした能力は、国家の政治的権力以上ではないにしても、それと同程度に、国家が、中核資本との間にすでにどの程度有機的連関を発展させているのか、したがって諸活動のなかでも中核的経済活動が圧倒的比重を占める構成体《ミックス》を、どの程度自己の管轄権内に囲い込んでいるのか、という点に左右されるのである。

ミュルダール（Myrdal, 1954）の表現を借りれば、このように中核－周辺活動の構成のレベルを上昇させる国家の現在及び将来の能力は、過去において、それに成功したかどうかに左右されるために、「循環的累積的因果関係（circular and cumulative causation）」の過程が生み出される。そして、このことこそが、従属論の基礎をなしてきたのである。この過程が最も明確になり、最も生じる可能性が高いのは、国家が囲い込む中核－周辺活動のさまざまな構成体《ミックス》からなる帯域（spectrum）の両端において、言い換えれば、圧倒的に周辺的な経済活動を囲い込む国家で構成される周辺の極と、圧倒的に中核的な経済活動を囲い込む国家で構成される中核の極においてである。

この二つの国家群を特徴づける中核－周辺活動の構成に大きな違いがあることを前提にすれば、中核国家には、周辺国家よりも自己の管轄内に中核資本を保持し引き付ける高い能力が備わっている、という想定が比較的容易に正当化できる。というのも、中核的経済活動から生じる報酬と周辺的経済活動から生じる報酬の大きな（そしてますます大きくなる）格差は[10]、必然的に中核国家の次のような能力（そしてそれに対応する周辺国家の能力の欠如）によって、生み出されているとみなせるからである。その能力とは、（一）全ての主要な商品連鎖のなかで、最も高い報酬を生み出す販路へのアクセスを管理する能力、（二）中核的活動に必要なインフラストラクチャーとサービスを提供する能力、（三）資本主義的な企業家精神に好ましい政治的風土を作り上げる能力である。

このことは、中核的立地の収益面での優位性を支配・活用して、すでに自己の管轄内に立地する中核資本との共生関係を発展させ、周辺的立地からさらに多くの中核資本を引き付ける能力が、中核国家に備わっていることを意味する。たしかに、周辺国家は、周辺的立地のコスト面での優位性を支配してはいる。だが、一般的に言って、次の二つの理由から、周辺国家が、それを用いて中核国家と効果的に競争し、中核資本を引き付けることは不可能なのである。

第一に、周辺国家の数は、中核国家の数よりもはるかに多い。そのため周辺国家が、中核的立地の収益面での優位性にたいする自由なアクセスを交渉し獲得するよりも、中核国家が、周辺的立地のコスト面での優位性への自由なアクセスを交渉し獲得するほうが容易である。その結果、周辺的立地のコスト面での優位性が、中核的立地の収益面での優位性へのアクセスに依存する度合いは、後者が、前者へのアクセスに依存する度合いよりもはるかに大きなものとなるのである。

第二の理由は、第一の理由と密接に関連している。報酬の高い市場、効率的なインフラストラクチャーとサービス、資本主義企業に好ましい政治的風土を特徴とする中核圏に典型的な環境では、高コストは、その圏の中核的地位の再生産に必要な不断のイノベーションにとって障害ではなく、むしろそのインセンティブとなる。これにたいして、断片化され(fragmented)一貫性のない市場、非効率的なインフラストラクチャーとサービス、資本主義企業家に適さないことの多い政治的風土を特徴とする周辺圏に典型的な環境では、高コストは、イノベーションを持続させる力を喪失させる。したがって周辺圏で周辺的経済活動を組織するインセンティブを形成するものは、低コストだけとなる。[11]

そのため、時間の経過とともに、中核国家と中核資本は共生関係を発展させる傾向を持ち、そうした関係によって圧倒的に中核的な経済活動との結びつきを強化し、それを再生産する能力を互いに高めあっていく。この傾向と表裏一体をなすのが、圧倒的に周辺的な経済活動との結びつきを解消できない傾向を持つ周辺国家固有の状況である。この二つを重ね合わせると、世界－経済空間における周辺圏と中核圏への両極分解は、拡大しないまでも安定的なものである、と結論づけることができるのである。

II・6 半周辺国家の戦略

この結論が効果的に適用できるのは、その管轄権に入る中核－周辺活動に含まれる中核的経済活動の閾値が極めて低い国家（周辺国家）か、管轄する中核－周辺活動に含まれる中核的経済活動の閾値がはるかに高い国家（中核国家）かのいずれかの場合である。だが、自己の管轄権内の中核－周辺活動の構成が、多少とも均等な国家（半周辺国家）にまで、この結論が当てはまるとする根拠はどこにもない。

たしかに、これら半周辺国家もまた、世界－経済の中核圏と周辺圏を不断に再生産する同じ分極化傾向に晒されている。だが、半周辺国家は、自己の管轄権の下に、中核－周辺活動を多少とも均等に持つことによって、周辺国家にたいする収益面での優位性と中核国家にたいするコスト面での優位性を備え、それを活用することで、周辺化に抵抗する機会を得ている。半周辺国家が、これを実行に移す方法はさまざまである。たとえば、そうした国家は、国境を越えた連関を犠牲にして、自己の国境内部の中核的経済活動と周辺的経済活動の連関を強化し、競争圧力からある種の隔離を図ろうとする場合がある。また、中核地域と競争するために、自己の管轄権内に配置された生産コスト面での種々の優位性を強化する、という反対の政策を展開することも考えられる。さらに、国境を挟む二つの世界から最良のものを得るべく、この二つの戦略を組み合わせることもできる。つまり、自己の国境内部にある中核的経済活動を保護しつつ、国境の外部に配置された中核的経済活動を引き寄せるための競争を強化するのである。いずれの戦略を採用しようとも、半周辺圏に属する国家の活動は差異を生み出す。世界－経済の周辺化傾向を選択的に活用することによって、半周辺国家は、通常、周辺化傾向そのものに何とか対抗しようとしているのである。

だが、半周辺圏に属する国家の中核－周辺活動の構成を格上げするという意味では、こうした戦略は一般的に逆効果である。というのも、その管轄権内にある中核的経済活動を、世界的な競争圧力から切り離すことに成功すればするほど、半周辺国家は、より広い経済空間で活動することの利点とイノベーションの不断の流れを生み出すインセンティブを、自ら奪いとってしまうことになるからである。しかも、長期的にみれば、そうしたインセンティブだけが、中核的ポジションの再生産を可能にするものなのである。逆に、半周辺圏の生産者が、中核圏の生産者と有効に競争することが可能となるのは、半周辺国家が、自己の管轄権に属する立地のコスト面での優位性を高めることに成功する場合に限られる。だが、この競争が、半周辺圏における中核－周辺活動の構成のレベルを上昇させることはけっしてない。むしろ競争は、中核的経済活動を周辺的経済活動に転換させ、半周辺圏の中核－周辺活動の構成を多少とも均等なものに維持するメカニズムの一つにすぎないのである。

このように概念化したからといって、個々の半周辺国家が、経済政策の特に革新的な結合を追求し、何らかの競争優位を付与する世界－経済の変動局面（conjuncture）の恩恵に浴すことがないといっているのではない。それを通じて、半周辺国家が、中核－周辺活動の構成のレベルを高め、中核国家となる可能性は排除できない。また、同様に、周辺国家が、半周辺圏へと上昇する可能性も否定できないであろう。それどころか、こうした移行は、現実に起こりうる事態と考えねばならないばかりか、それこそが、世界－経済の三つの圏への分離を再生産する重要なメカニズムとみなさなければならない。圧倒的に周辺的な経済活動との結びつきを免れえないという周辺国家固有の状況は、圧倒的に中核的な経済活動との結びつきを強化する中核国家の能力と表裏一体の関係にある（Ⅱ・5）。同様に、半周辺国家の大多数が、中核国家へと上昇する（また周辺国家の大多数が半周辺国家へと上昇する）ことができないのは、中核－周辺活動の構成のレベルを高め、より高次のポジションへの上昇に成功する国家が存在することの裏返しでもある。だが、われわれの概念化が持つ現実の含意は、こうした事態が、国家はすでに属している圏に止まり続ける、というルールを実行する際の例外にすぎないというところにある。

Ⅱ・7　世界人口の三層分布（理念型）

要するに、国家は、中核－周辺活動の構成を受動的に受け入れるわけではない。あらゆる国家は、自己の管轄権に入る中核－周辺活動の構成のレベルを上げようとするか、少なくともその低下を食い止めようとする。だが、そうした試みに実際に成功する能力は、全ての国家に平等に配分されているわけでない。この能力は、一貫性のあるものではなく、すでに国家が管轄権に置く構成体のなかで中核的活動が、どの程度の比重を占めるかに応じて異なってくるのである。

本稿の概念化に従って、中核－周辺活動の構成で居住する国家を分類し、それに応じて世界人口の分布を図示すれば、世界－経済の経済的諸過程と政治的諸過程の相互作用によって、**図1**で示される度数分布を描くことができる。定義上、周辺的経済活動の密集度は、中核的経済活動よりもはるかに高い。そのため、この度数分布は、中核－周辺活動の構成の下位のレンジのほうに向かって大きく歪むものと仮定されている。X軸上のPC点以上の点では、国家は、自己の管轄権に入る構成のレベルを高める能力を持ち、中核的ポジションを強化することができる。またPP点以下において、国家は、構成のレベルを高める権力《パワー》をほとんどあるいはまったく持たない。その結果、図のこの部分では、中核的ポジションが強化されると、それによって誘発される構成のレベル低下を国家は食い止めることすらできない。これらの境界をそれぞれ「中核の外縁部（perimeter of the core）」（PC）と「周辺の外縁部（perimeter of the periphery）」（PP）と名づけ、それによって中核圏の下限（lower boundary）と周辺圏の上限（upper boundary）が確定されている。(12)

この二つの境界の間に、半周辺圏が存在する。それは、中核－周辺活動を多少とも均等に配した構成を自己の管轄権内にもち、そのことによって、構成のレベル低下を食い止める権力を行使することはできるが、構成を高度化させる権力をほとんどもたない全ての国家の集合体であるとみなすことができる。こ

図１　世界人口の仮定上の分布

（居住する国家の中核－周辺活動の構成別にみた世界人口に占める比率）

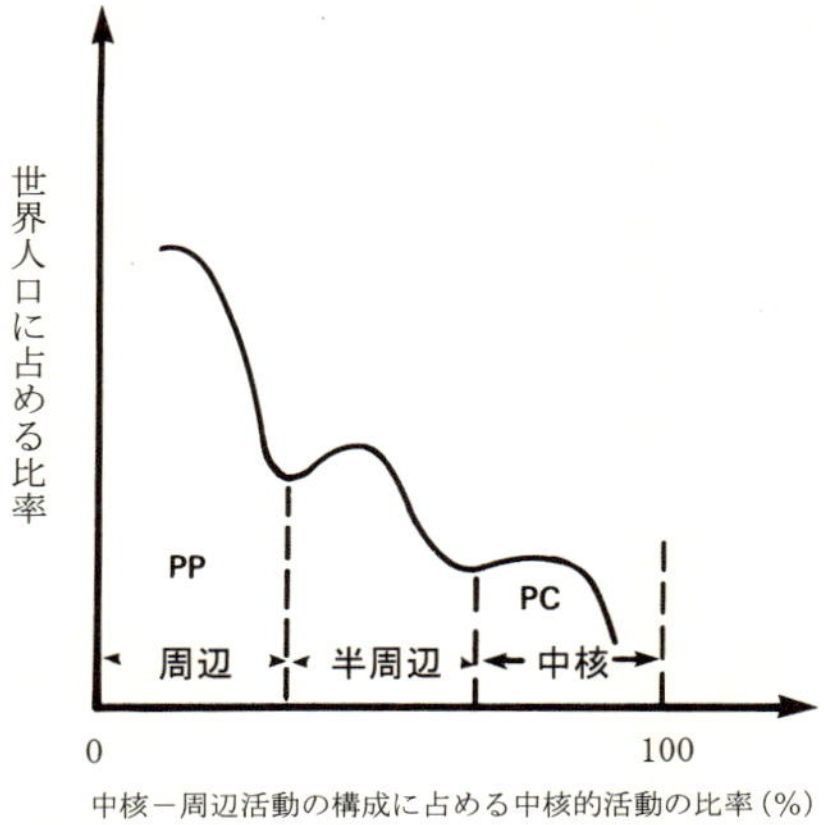

うした三層分布（tri-modal distribution）によって、半周辺概念に、正確な分析的意味を付与することが可能となる。言い換えれば、この二つの切断点を得ることによって、世界－経済の三つの国家群、つまり周辺圏、半周辺圏、中核圏という三つの圏を明確に選択することが可能となるのである。ここまでくれば、この三つの圏を確定するのに必要な作業は、もはや中核－周辺活動のさまざまな構成を多少とも操作的に測定することだけである。

Ⅲ　世界－経済の階層化——実証分析

Ⅲ・1　中核－周辺活動の測定尺度

まず、周辺的経済活動と中核的経済活動を実証的に区別し、管轄する中核－周辺活動の構成で国家を分類する操作的な方法というものは存在しない、という仮定から議論を出発しなければならない。これまで繰り返し強調したように（Ⅱ・2、Ⅱ・3）、ある活動が、本来的に中核的であるとか、本来的に周辺的であると定義するのに、生産ラインや生産技術だけを基準にするのでは十分とはいえない。[13] 特定の活動が、周辺的であるのか、中核的であるのかという問題は、世界－経済の他のあらゆる活動との協調と競争という絶えず変化し続ける関係に、常に左右されるからである。ある活動を、中核的であるか、周辺的であるか分類するためには、商品連鎖の各結節点で生じる相対的な競争圧力の評価だけでなく、世界－経済のあらゆる商品連鎖の完全な構図が最低限必要となる。だが、これは本来、実現不可能な課題であり、収集したデータを有意に数量化し、集計するという更なる問題を引き起こすにすぎない。

幸いにも、そのようなことを行う必要はない。世界システム論では、中核－周辺活動の構成が、新古典派価格理論の「限界効用」や、リカーディアンやマルクス主義の価値論における「体化された労働(labor embodied)」と類似の役割を果たしているからである。実際、そのような「量」は、すべて直接測定することはできなくても、各々の概念化において重要な役割を果たしている。重要なのは、そうした概念化から基本変数の間接的な測定を可能にする実証可能な仮説集合を引き出すことができる、という点にある。

こうした観点からみて、われわれの概念化は、非常に操作性の高いものであるといえよう。本稿の諸仮定に従えば、中核的経済活動が支配する報酬の集計値には、世界分業における利益全体の全てではないにしてもその大部分が含まれる。他方、周辺的経済活動が支配する報酬の集計値には、そうした利益が、たとえあったとしても僅かしか含まれない（上記Ⅱ・2参照）。したがって、特定の国家が管轄する中核－周辺活動の構成に占める周辺的経済活動の比重が大きくなればなるほど、その国家の住民が支配する世界分業の総利益の取り分《シェア》は小さくなる。また逆に、中核的経済活動の比重が高まるほど、その国家の住民が支配する利益の取り分も、それだけ増大する。世界分業の総利益にたいする支配権の差異は、必然的に当該国家の一人当りＧＮＰという通約可能な差異に反映されねばならないのである。

それゆえ、共通の通貨単位で表示した一人当りＧＮＰを、特定の国家が管轄する中核－周辺活動の構成を評価する際の間接的かつ近似的な尺度とみなすことができる。一人当りＧＮＰは、その分布が、極めて歪んでいるばかりか、主としてここでの関心が、国家間の絶対的な差異ではなく、相対的な差異である、という理由から、尺度としては一人当りGNPの対数を採用するのが適当である。また、本稿では、現実の生活水準の差異ではなく、世界の経済的資源にたいする支配権の差異に関心を集中させるために、市場為替レートで測ったUSドル建て一人当りGNPを用いることにする。(14)

Ⅲ・2　世界人口の現実の分布

補遺Ⅰで出所を明記したデータを用いて、一九七〇年の米ドル建て一人当りGNPの対数を一〇分の一間隔で横軸にとり、(総人口に占めるパーセンテージで示した)国家別に人口分布を図示してみたのが、**図2**である。その結果得られる度数分布は、三区間の移動平均過程によって滑らかにされている。また、図からわかるように、九つある分布のうち五つの分布(一九三八年、一九五〇年、一九七五年、一九八〇年、一九八三年)で、大きくいって三層構造が観察できる。一方、一九四八年、一九六〇年、一九六五年、特に一九七〇年の分布では、三層構造を持つかどうかの信頼度は相対的に小さくなっている。

とはいえ、分析対象となる分布は、全ての事例において、**図1**で示した理念型分布と次の点で類似している。(一)全ての分布は、対数表示した一人当りGNPのロー・レンジで最大化している。それは、「周辺的最頻値(peripheral mode)」(PM)という形で突出している。(二)レンジの反対の極では、全ての分布が上方に反転し、そこには極大値が存在する。それは「中核的最頻値(core mode)」(CM)と呼びうるものである。(三)(単一の区画で区切られた度数の等しい二つの中間的な最高点が存在する)一九六〇年を除き、全ての分布には、(一つ以上の低度数区画で中核的最頻値と周辺的最頻値から切り離され

図２ a-c　世界人口の現実の分布

（居住する国家の一人あたりＧＮＰの対数別にみた総人口の比率）

図２ a

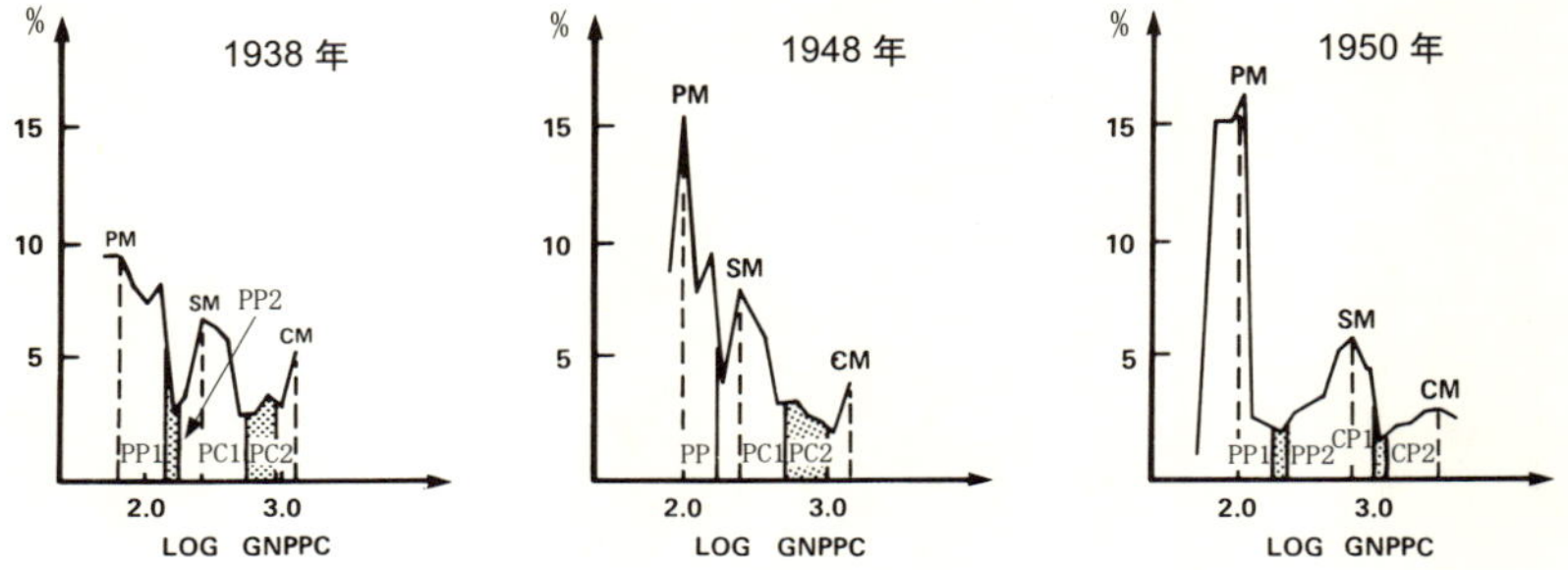

図２ b

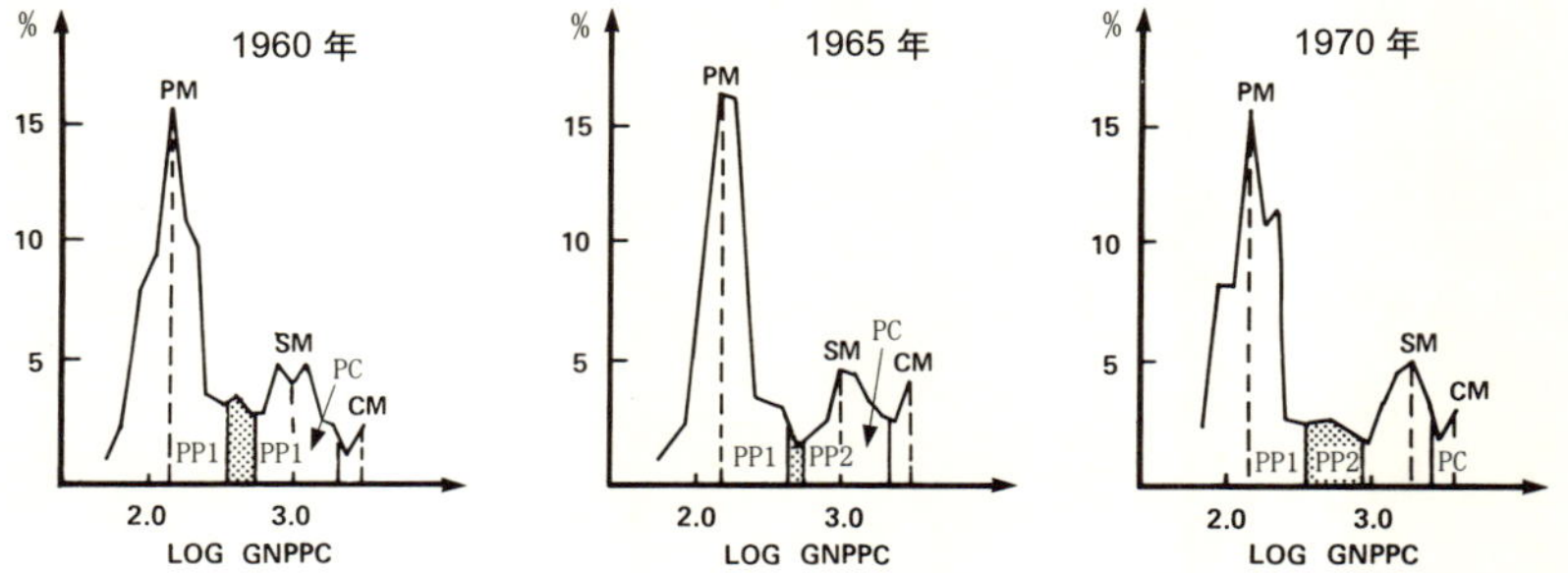

図２ c

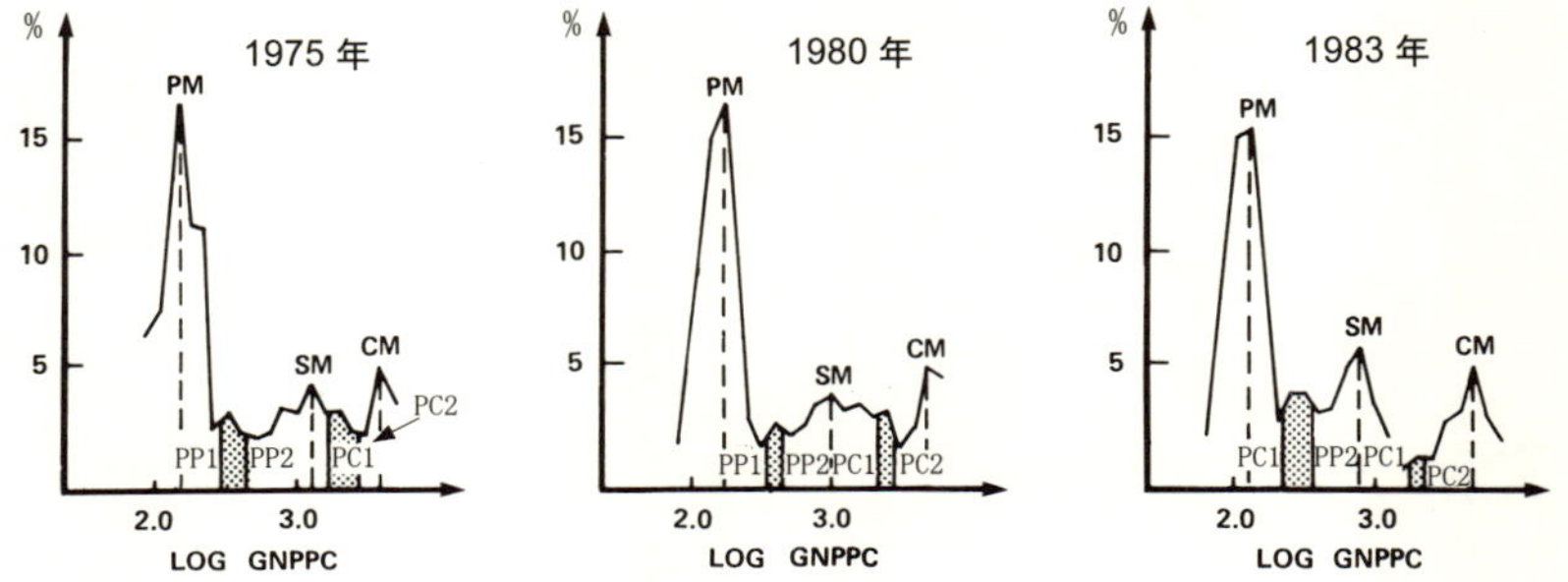

註）　補遺ＩおよびⅡ参照

た）中間的最高点が一つ存在する。その中間的最高点は、上記に倣って「半周辺的最頻値（semiperipheral mode）」（SM）と呼ぶことができる。ただし、一九六〇年の場合には、多少恣意的ではあるが、二つの最高点に挟まれた区画を半周辺的最頻値として選択することにしたい。

いずれにせよ、ほとんどの事例において、三つの圏が、**図1**のような単一の切断点（PPとPC）ではなく、一つ以上の低度数区画で区切られている。だが、それは上述の概念化と矛盾するものではない。むしろ、低頻度区画が長くなればなるほど、周辺圏、半周辺圏、中核圏が、それぞれ世界－経済の構造的ポジションを構成する、という命題がそれだけ強く実証されているとみなすべきである。しかしながら、多くの場合、現実の境界として正当に選択しうる最小値が、一つ以上存在していることを考えれば、低頻度区画が長いからといって、必ずしも三つの圏の境界を画す明確な切断点が得られるといえるわけでもない。ここで採用しているコード化の手続きは（補遺Ⅱ参照）、上述の概念化の真意にもとづいて圏を定義するという目的と、分析をいっそう進めるために、現実の度数分布の特徴をできるだけ多く保持させるという目的の妥協の産物なのである。

図2の現実の分布と**図1**の理念型分布の相違点と類似点の双方を解釈するために念頭におかねばならないのは、理念型分布が、一般的にランダムな要素が持つ短期的効果と変動局面の中期的効果を構造的要因で相殺しうるほど、長いタイム・スパンをとるものである、という点である。実際、ここでのデータ・ベースにすでに組み込まれた手続きと、採用したさまざまな補正手続きは、考察対象となる度数分布からできるかぎりランダムな影響を排除するための措置である。だが、補正を行った後でさえ、こうした分布のなかに、依然として三層区分の反映度の非常に弱いものが出てくるのは、部分的には、以下で議

論する変動局面の要因が影響しているからである。他方で、それは、ランダムなショックが、システムの「正常な」機能に「攪乱的な」影響を及ぼすだけでなく、システムが機能するのに必要不可欠の要素となっているためでもある。たとえば、イノベーションや各国通貨間の平価の存在はともに、世界－経済のシステム上の重要な特徴となっている。ところが、この二つは、一般に、その発生と短期的効果の点では、ある程度無作為なものとなりやすいのである。[15]

こうした点全てを含めて考えれば、**図2**に見られる分布は、ランダムな影響が事態の一部しか説明するものでしかないことを示唆しているといえる。より具体的には、九つある分布のうち五つの分布で、大雑把ではあるが、三層構造が明確に現れているということは、われわれの概念化で想定されるシステマティックな影響が、現実に作用していることを示しているのである。こうした影響の程度とその性格を評価するために、次に九つの分布の異時点間分析に移ろう。

Ⅲ・3 度数分布の異時点間分析

分析対象となる年に関して、**図3**で三つの圏の最頻値（mode）を、**図4**では圏ごとの世界人口の累積分布を示しておいた。この二つの図で、（一九四八年や一九五〇年のように）点が線上にない場合、それは、その点が比較可能ではない、ということである。また、（一九五〇年や一九六〇年のように）点が破線上にある場合、それは、比較可能性に制約があることを意味する（補遺Ⅰ参照）。

この二つの図は、世界－経済の階層化にかんする異なる側面を浮き彫りにしている。つまり、**図3**は、圏の間の距離もしくは格差が、時間とともに進化する態様を、**図4**は、相対的規模もしくは比重が、時

図3　3つの圏における一人あたりGNPの最頻値のトレンド

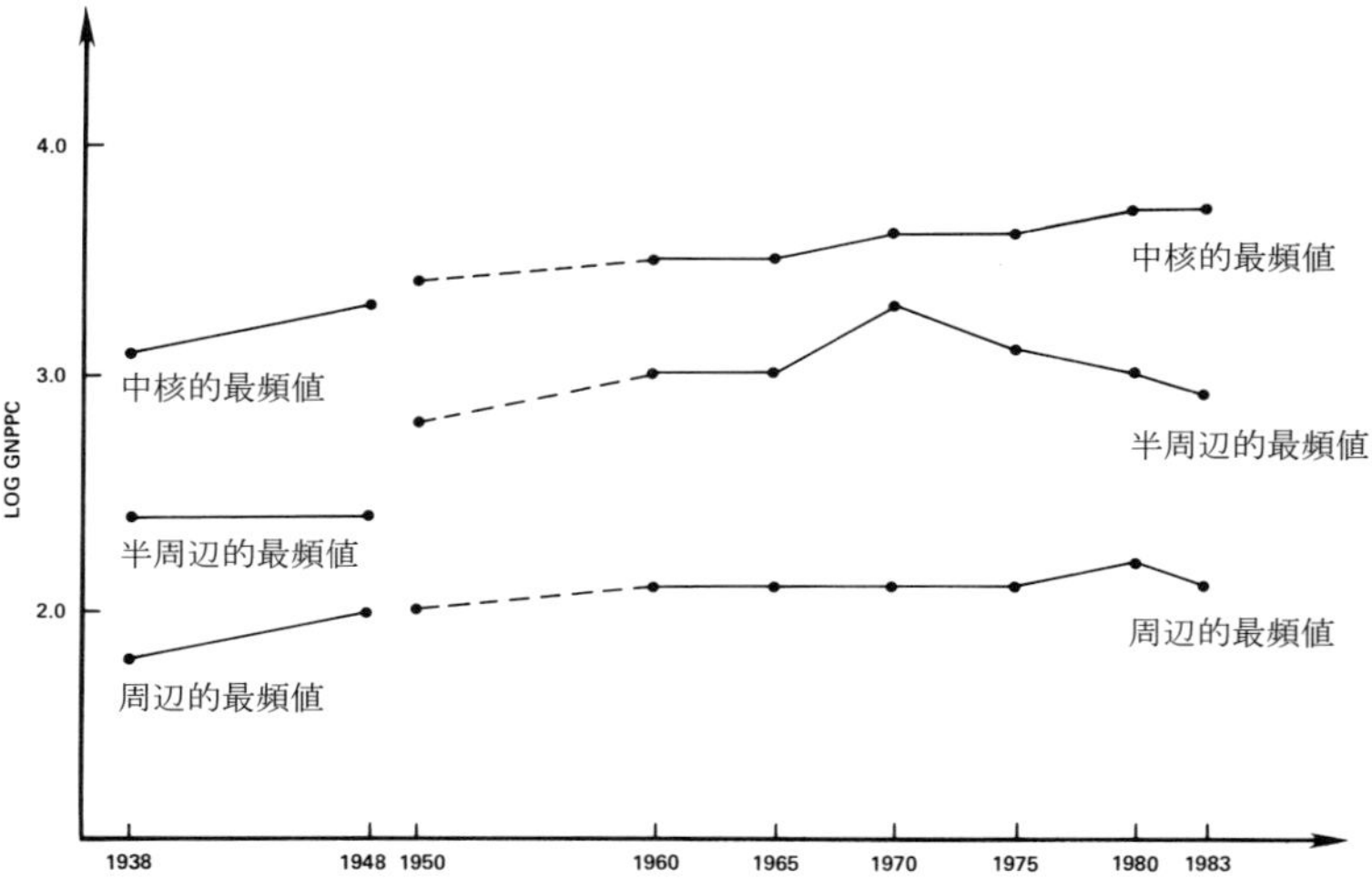

註）　補遺 I および II 参照　GNPPC の対数

間の経過のなかで進化する姿を表しているのである。

中核圏と周辺圏の距離とその相対的な規模に注目すると、この図から、二つの主要な事実が明らかとなる。それは、第一に、(最頻値でみた一人当りGNPの対数［もしくは比率］の違いで測られる）二つの圏の格差は、当該の期間に拡大しているが、絶対的な格差拡大が生じるのは、一九六〇年代以降である、という点である。**図3**からわかるように、中核的最頻値と周辺的最頻値は、一九三八年から四八年にかけて急速に上昇し、一九五〇年から六〇年にその成長速度が低下、一九六〇年から六五年には伸び率がゼロとなる。また、この全期間にわたって、中核的最頻値と周辺的最頻値の成長率は、同一であった。だが、一九六五年以降、中核的最頻値が、徐々にではあるが、着実に上昇を再開するのにたいして、周辺的最頻値は停滞し、その結果、一

図4　3つの圏における相対的規模のトレンド

（各圏における世界人口に占める比率）

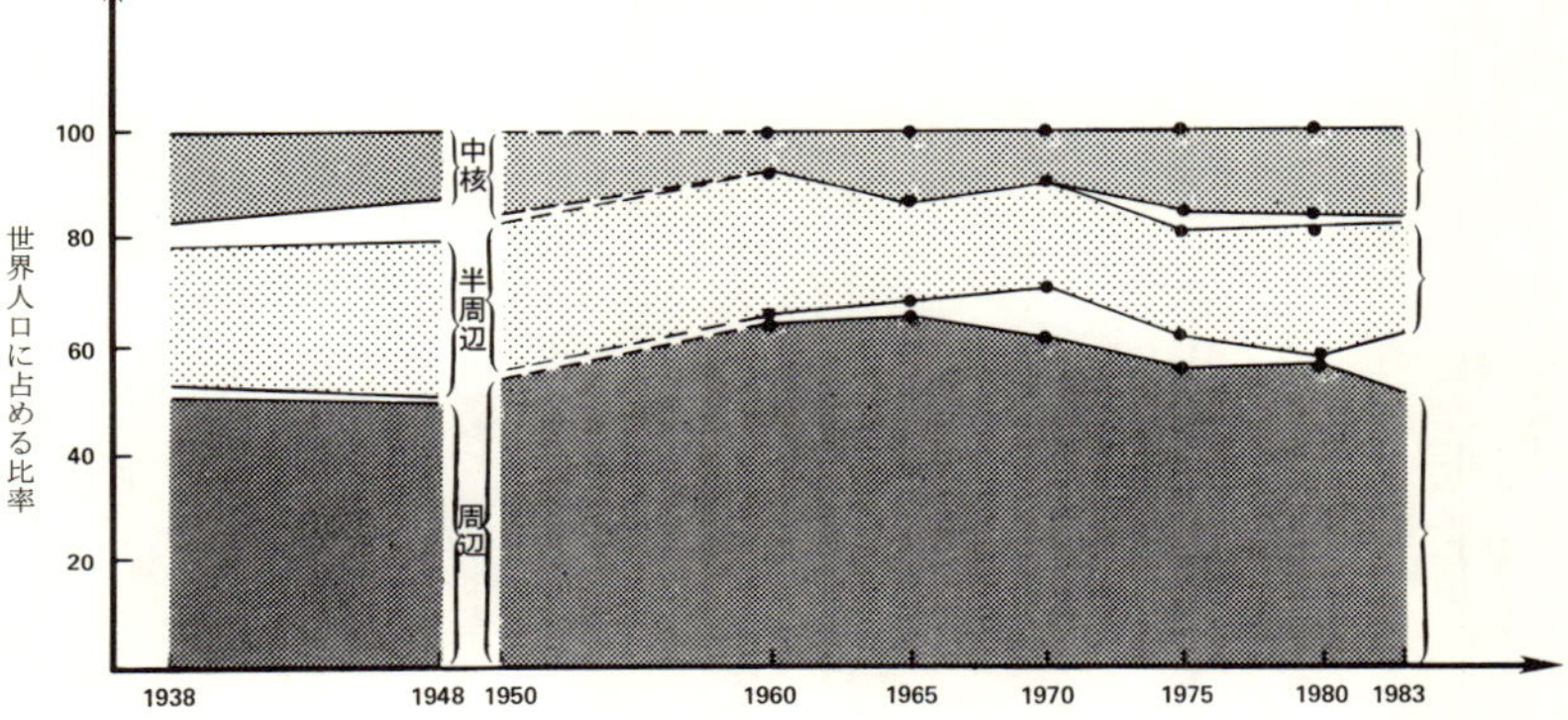

註）補遺ⅠおよびⅡ参照

九八三年の時点でも、一九六〇年の水準にとどまっている。第二に、図4から、周辺圏の相対的規模は、一九三八年／一九四八年／一九五〇年に中核圏の規模の三から四倍であったのが、一九六〇年／一九六五年／一九七〇年には七から九倍へと急激に拡大している、ということがわかる。だが、その後、周辺圏の相対的規模は縮小し、一九八〇年／一九八三年には一九三八年／一九四八年／一九五〇年の水準を保持するにすぎなくなっている。

　こうしたトレンドは、過去四五年間にわたって、世界－経済の分極化傾向が緩和したことを意味するのではなく、その作用の強さと様式に変化が生じたことを示している。一九四〇年代には、分極化傾向は明確ではないが、一九五〇年から一九六〇年代の半ばまでに、それは、周辺化を拡大する形で（すなわち、中核圏と周辺圏の格差を拡大する形で）実体化している。こうした事実から結論を導きだせば、中核の規模にたいする周辺の規模は、一九八〇年代前半に一九四〇年と同程度の水準に達しているが、二つの圏における最頻値の報酬の格差は広がったと評価することができる、ということになる。[16]

次に、半周辺圏に焦点を移せば、世界－経済の分極化傾向は、長期的にみて、半周辺圏の規模やポジションに重要な点で影響を及ぼすことはできなかった、ということができる。半周辺的最頻値は、短中期的に、かなり変動してはいるものの、一九八〇年代前半まで、一九三八年や一九五〇年とほぼ変わらぬ水準で中間的なポジションを占めている（**図3**参照）。さらに興味深いことに、半周辺圏の規模は、この期間を通じて、驚くほどに一定の水準を保っているのである（**図4**参照）。

図3から読み取れるのは、（周辺圏と中核圏の軌道に相当する）相対的に硬直的な二つの線によって一つの空間が仕切られ、中核圏の軌道を「天井」とし、周辺圏の軌道を「床」とするその空間の中で、（半周辺圏の軌道に相当する）第三のよりフレキシブルな線が上下する、という構図である。一九六〇年から七〇年の一〇年間でみられるように、中間のラインが、天井に（あるいは床に）近づくと、**図2**における半周辺と中核（あるいは周辺）との境界は曖昧になり、それに対応して度数分布も二層（bi-modal）構造を呈するようになっている。

だが、これは、半周辺圏の軌道が、一時的に上昇効果《プル》と下降効果《プッシュ》に晒されていることを示しているにすぎない。こうした上昇と下降は、中核圏と周辺圏の格差を維持する同様の分極化傾向に、半周辺圏も従っていることの証左だとみなすことができる。とはいえ、相対的にみれば、半周辺圏は、こうした分極化傾向から、（一九三八年から四八年、また一九七〇年から八三年のように）損失を被ることもあれば、（一九五〇年から七〇年のように）利益を享受することもある。そして、この交替こそが、中核や周辺と区別しうる世界－経済の構造的ポジションとして半周辺を再生産してきたものなのである。

こうした分析結果は、半周辺国家は、世界－経済の分極化傾向を選択的に活用することで、自己の中核－周辺活動の構成のレベル低下を防ぐことはできるが、それは、中核的地位を獲得するまでには至らない、というわれわれの主張に実証的な裏づけを与えるものである。だが、ここでの仮定によれば、世界－経済に三層構造が存在するのは、主要には、周辺化を強制したり、それに抵抗したりする能力が、国家に不均等に備わっており、そうした不均等な能力を持つ多様な国家の管轄権によって、世界－経済が分割されるためである。上層に位置する国家は、その位置にとどまることが比較的容易であるのにたいして、下層に位置する国家が、上昇することは極めて困難である。そして、中間の層に位置する国家は、一般的に周辺化に抵抗する能力は持つものの、上層へと上昇する能力は持ちあわせていない。したがって、個別国家の上昇及び下降は、ありえない事態ではないが、それは例外とみなされるのである。

そのため、われわれの仮説を実証するためには、これまでのように、相対的に長期の時間軸をとれば、世界－経済の三層構造が確認できる、ということを示すだけでは十分とはいえない。同じ長期の時間軸を取り、各圏に属する国家の構成が、実質的に変化していない点を明らかにすることも必要となるのである。このことが、現実に妥当すれば、三層構造の再生産は、単なる偶然の産物ではなく、おそらくは周辺化を強制したり、それに抵抗したりする能力が、国家に不均等に備わっている結果である、とみなしてよい十分な根拠を得ることができるであろう。

Ⅲ・4　三つの圏の可動性と米国のヘゲモニー

過去四五年間にわたる世界－経済の三層構造の再生産過程で、三つの層の境界を横断する国家が、どの程度あったのかを示すために、一九三八／五〇年―一九七五／八三年（**表1**）、一九三八／五〇年―一九六〇／七〇年（**表2**）、一九六〇／七〇―一九七五／八三年（**表3**）、という三つの時期の期首と期末に、当該の国家が、どのポジションに位置するのかを基準に分類する複式記入表（double-entry table）を作成した。[17] ここで**表1**は、全期間を網羅し、世界－経済の三層構造が、最も明確に現れる年を比較していることから、最も重要な表であるといえる。そこで、まず**表1**の分析からはじめ、続いて**表2**及び**表3**で網羅される二つの下位の時期区分へと議論を進めることにしよう。

表1は、二通りの読み方が可能である。（一）表の列もしくは行から各圏の増減を測定することができる。また、（二）対角線から、システム全体の可動性（mobility）（あるいはその欠如）を測定することができる。中央の対角線（中核／中核、周辺／周辺）に沿って読めば、一九七五／八三年の時点で、一九三八／五〇年と同じ構造的ポジションに位置する全ての国家を抜き出すことができる。そうした国家を合計すると、九三ヶ国中六六ヶ国（あるいは七一％）に上り、人口比率では、一九五〇年と一九八三年ともに九三ヶ国の総人口のうち八四％を占めている。こうした比率から、この時期、三つの圏を横断する国家の全体的な可動性が、いかに低かったかがわかる。だが、中央の対角線上に位置づけられる国家だけが、圏の境界を超えることがなかったのではない。二つの付随的な対角線（中核／中核の外縁部、周辺／周辺の外縁部）に位置する国家も、境界そのものを越えることなく、ある圏の内部からその圏の上限あるいは下限へと（もしくは圏の上限や下限から付随する圏の内部へと）移動した国家なのである。そうした国家は、合計二二ヶ国にもなり、その総人口に占める比率は、一九五〇年と一九八三年ともに一〇％に達している。

表1　1938－50年と比較した1975－83年の国家のポジション

			1938－50年のポジション					
			中核	PC	半周辺	PP	周辺	合計
1975－83年のポジション	中核	(a)	11	4	3			18　(+7)
		(b)	13.1	2.6	5.6			
		(c)	10.4	1.8	4.3			16.5 (+3.4)
	PC	(a)		1	4			5　(-1)
		(b)		0.1	1.4			
		(c)		0.1	1.2			1.3 (-2.0)
	半周辺	(a)		1	23	5	1	30　(-3)
		(b)		0.6	18.6	0.8	0.8	
		(c)		0.8	17.6	1.0	1.0	20.4 (-5.9)
	PP	(a)			2	4	2	8　(-5)
		(b)			0.5	0.3	2.7	
		(c)			0.7	0.5	3.5	4.7 (+2.4)
	周辺	(a)			1	4	27	32　(+2)
		(b)			0.2	1.2	51.6	
		(c)			0.3	1.5	55.5	57.3 (+2.2)
	合計	(a)	11	6	33	13	30	93　(0)
		(b)	13.1	3.3	26.3	2.3	55.1	100.0
		(c)						100.0

註）(a) 国家の数、(b) 1950年の人口のパーセンテージ、(c) 1983年の人口のパーセンテージ〔原表では1970年とあるが、本文から判断して1983年と修正した〕
出所と手続きに関する補遺Ⅲ参照。

要するに、データが入手可能な国家の九五%（そして総人口の九四%）が、一九七五／八三年の時点でも、依然として一九三八／五〇年と同じ圏の境界線上もしくはその内部に位置しているのである。したがって、この期間全体でみれば、システム内での上昇と下降は、真の意味で例外的なものであったといえるだろう。**表1**によれば、半周辺的ポジションから中核的ポジションへの移行は、三つの事例（つまり補遺Ⅲの対応表に示される日本、イタリア、リビア）に限定されている。また、周辺から半周辺への上昇の事例は一つ（つまり韓国であるが、後年のデータが入手できれば、おそらく台湾がこれに加わるだろう)、そして半周辺から周辺への下降の事例も一つ(つまりガーナ)しかない。

システムに見かけ上分極化が生じているのは、二つの相対的に大きな国家(日本とイタリア)が、半周辺から中核への上昇に成功したからであり、さらに、周辺圏における人口統計上の成長率が、中核圏や半周辺圏よりも高かったことも、その理由として挙げられる。そのことは、表の縦列の「合計」からわかる。この列では、当該時期に各ポジションで生じた国家数の増(+)減(-)、そして総人口に占めるパーセンテージの増減が、セルのなかに記述されている。三つの中間的ポジション(半周辺、中核の外縁部、周辺の外縁部)全体でみると、当該の四五年間で五二ヶ国中九ヶ国がそのポジションを失い(七ヶ国が中核へと上昇、二ヶ国が周辺へと下降)、人口比率でみると、三一・九%から五・六%ポイント低下させている(三・四%が中核に上昇、二・二%が周辺に下降)。

世界人口に占める比率が、一五%以下にまで落ち込んだとき、半周辺圏がその重要性を失う、と仮定すれば、現実にそのような事態が訪れるまでには、これまでの経過から類推して一世紀以上はかかることになる。しかし、当然のことながら、過去四五年間の減少が、循環的要因や変動局面要因の影響を受けた可能性も否定できない。したがって、このことが、将来にたいする推測の基礎となりうるかどうかすら定かではない。たしかに、ここで使用しているデータがカバーする期間は、循環的要因や変動局面要因の影響を無視して考えてよいほどの長期ではない。だが、トレンドにたいして起こりうる影響について、なにがしかの示唆を導き出すという点では、この期間だけでも十分である。われわれのデータでカバーされるタイム・スパンの下位区分で、世界-経済の分極化傾向や周辺化傾向を特徴づける作用の程度と様式に、どのような違いが生じるのかについてはすでに論じた(Ⅱ・3)。ここでは、**表2及び表**

表2　1938－50年と比較した1960－70年の国家のポジション

1960－70年のポジション		1938－50年のポジション 中核	PC	半周辺	PP	周辺	合計
中核	(a)	3					3
	(b)	7.3					7.3
PC	(a)	7					7
	(b)	5.2					5.2
半周辺	(a)		7	13			20
	(b)		5.7	17.6			23.3
PP	(a)			7	1		8
	(b)			2.6	0.4		2.9
周辺	(a)			12	12	30	54
	(b)			5.1	2.0	54.3	61.4
合計	(a)	10	7	32	13	30	92
	(b)	12.5	5.7	25.2	2.4	54.3	100.0

註）(a) 国家の数、(b) 人口のパーセンテージ。
出所と手続きに関する補遺Ⅲ参照。

3を使って、この作用様式の変化について、さらに突っ込んだ洞察を行ってみよう。

この二つの表の最も顕著な特徴は、第一に、それらがともに、**表1**よりも全体的に高い可動性を示しているということ、そして第二に、一九三八／五〇年―一九六〇／七〇年の期間には、もっぱら下降の動きが見られるのにたいして、一九三八／五〇年―一九七五／八三年の時期には、上昇の動きが支配的である、という二点である。中央の対角線（中核／中核、周辺／周辺）に入る国家は、（**表1**では、国家総数の七一％、人口の八四％であるのにたいして）**表2**では、国家総数の五一％、総人口の八〇％

表3　1960－70年と比較した1975－83年の国家のポジション

1975－83年のポジション		1960－70年のポジション 中核	PC	半周辺	PP	周辺	合計
中核	(a)	3	7	7	2		19
	(b)	6.7	4.2	7.0	0.22		18.3
PC	(a)			5	1		6
	(b)			1.2	0.11		1.35
半周辺	(a)			11	6	15	32
	(b)			10.7	3.3	7.1	21.0
PP	(a)					8	8
	(b)					4.0	4.0
周辺	(a)					39	39
	(b)					55.3	55.3
合計	(a)	3	7	23	9	62	104
	(b)	6.7	4.2	19.0	3.6	66.4	100.0

註）(a) 国家の数、(b) 人口のパーセンテージ。
出所と手続きに関する補遺Ⅲ参照。

を占め、**表3**の場合、それぞれ国家総数の五一％、人口の七三％になる。だが、**表2**及び**表3**と**表1**の間で見られる格差の大部分は、主に圏の境界を横断する国家の可動性に違いがあることから生み出されているのではない。そうした格差は、むしろ圏及びそれに付随する外縁部へと向かったり、そこから離れたりする可動性の違いによって生じている。このことは、三つの表で、中央の対角線上にある区画の合計をとれば、そうした格差がかなり縮小するということからわかる。実際、その比率を計算すれば、（**表1**では、国家数の九五％、人口の九四％であるのにたいして）、**表2**では、国家数の八七

%、人口の九五%、**表3**では、それぞれ国家数の七六%と人口の八六%となっている。**表2**の人口比率（それは**表1**の人口比率よりも若干高いが）以外では、格差は縮小するものの、まだかなり大きい。したがって、世界－経済の三層構造における、一九三八―八三年の国家の可動性は、全体的にみて下位の各時期の可動性よりも小さかったと結論づけることができる。すでに述べたように、二つの下位の時期区分における可動性は、反対方向に向かうものであった。不必要に煩雑な詳細にまで立ち入るまでもなく、この対立は、**表2**及び**表3**から非常に明瞭にみてとれる。それは、前者では、空欄が、全て中央の対角線より上にある（それは全般的な下方への可動性［downward mobility］を示している）のにたいして、後者では、空欄は、中央の対角線より下にある（それは全般的な上方への可動性［upward mobility］を示している）ことに表れている。

こうした点から、過去四五年間にわたる世界－経済の三層構造の長期的な安定性は、一九三八／五〇年―一九六〇／七〇年の広範囲な国家の下降と、一九六〇／七〇―一九七五／八三年における多少より広範囲な国家の上昇という振り子運動を伴うものであったといってよいだろう。その正味の結果を図示したのが、すでに論じた**表1**に他ならない。この振り子運動は、前者の時期に下降した国家の大部分が、後者の時期における上昇によって、一九三八／五〇年時点の位置にまで復帰する運動である、とみることもできる。だが、注意しなければならないのは、この運動から取り残されたり、以前のポジションに復帰できなかった国家もあれば（ガーナはその最も明快な事例の一つに過ぎない）、（日本、イタリア、リビア、韓国のように）前者の時期に下降しなかったにもかかわらず、後者の時期に上昇し、より上層での足場を固めた国家もある、という点である。

当該の時期に生じた世界－経済の主要な出来事に焦点を当てれば、この振り子運動が何故に起こったのかは容易に理解できる。ここで主要な出来事とは、疑問の余地なく米国のヘゲモニーの確立である。それは、一群の重要な技術的組織的イノベーションが、世界－経済に到来したことを告げるものであった。このイノベーションに対応して、中核－周辺関係は根底から変革され、新たな「中核性の基準」が設定されたのである。シュンペーターの表現を借りれば（Ⅱ・4）、しばらくの間、米国（の国家と資本）は、「真に効果的な競争の武器」を行使した。その結果、ある活動の集合から別の活動の集合へと、競争圧力が非連続的にシフトし、それに応じて大部分の国家で中核－周辺活動の構成のレベルが低下したのである。実際、われわれのデータによれば、新たな中核性の基準を完全に満たしたといえるのは、カナダ（構造的には米国経済の一部である）とスウェーデンの二国を数えるにすぎない（**表2**及びそれに対応する補遺Ⅲの表参照）。

これにたいして、西ドイツやイギリスのように、伝統的に中核に属する諸国は、中核の外縁部へと下降し、フランスやベルギーといった中核の外縁部に位置する国家は、半周辺へと下降した。このような特徴づけは、統計上の人為的な産物として捨ておかれるべきものではなく、世界－経済の歴史的過程という点からも重要な意味を持っている。一九五〇年代から一九六〇年代前半にかけて、伝統的に中核に属する諸国が全て、新たなヘゲモニー的権力を持つ技術、組織、ノウハウ、金融を獲得すべく、伝統的に半周辺に属する諸国と熾烈な競争を繰り広げたという事実が、そのことを物語っている。こうした競争は、半周辺国家で利用可能な労働供給よりも安価な労働力を提供することによって行われた。

重要なのは、（世界－経済レベルで重要性をもつ一群のイノベーションが、どのようなものであれ、ある程度、常にそうであったように）米国のヘゲモニーの確立が、競争のゲームのルールを変更したという点にある。そうしたルールの変更によって、中核諸国は、半周辺的役割を担うよう強制され、新たな中核性の基準に「追いつく《キャッチアップ》」ための競争が始まった。中核圏の密集度が薄まると、その分半周辺圏の密集度が高まり、半周辺圏の競争圧力が上昇する。こうした競争圧力の高まりは、半周辺圏を構成する下層部分にも波及《トリックル・ダウン》し、半周辺国家を周辺の外縁部か周辺そのものへと下降させたのである。

生産関数にランダムなショックや根本的変革《レボルーション》が生じたために、下位の圏に突如突き落とされた（あるいは上位の圏に引き上げられた）国家は、まさにその下降（上昇）を通じて、新たな圏の有機的構成要素《オーガニック・メンバーシップ》となる。だが、国家が圏の有機的構成要素となりうるのは、特定の中核－周辺活動の構成と長期的な結びつきをもつ経済制度や政治制度を形成する場合だけである（Ⅱ・5参照）。一九五〇年代から一九六〇年代にかけて、（新規参入者とともに）半周辺の役割を強制された全ての中核国家が、一九七〇年代に再び中核圏に参入しようとした理由がここにある。こうした国家が、中核へと上昇するにつれ、半周辺圏の競争圧力はある程度緩和され、その後、一九七〇年代を特徴づける全般的な上昇局面が生じたのである。

Ⅲ・5　各圏における有機的構成要素の確定

こうした結論からみれば、今や中核圏の相対的規模が、一九五〇年代に急激に縮小し、一九六〇年代と一九七〇年代に徐々に拡大したのは（**図4**参照）、下降と上昇の振幅過程で、中核圏を構成する有機的構成要素の一部が、退出と再参入を図ったことの反映である、と捉えなおすことができる。つまり、**図3**の三つの圏の格差を示すトレンドは、圏を構成する国家全体のシフトではなく、その圏の有機的構成

要素が増減したことの反映である、とみなすことができるのである。(18)

こうした影響を除外して分析を進めるためには、特定の圏内で示すパフォーマンスの長さから判断して、その圏の有機的構成要素とみなしうる国家群を確定しなければならない。その意味でいえば、結局のところ、九三ヶ国中七四ヶ国が、この期間を通じて、特定の圏の境界内部またはその線上にとどまっており、そうした諸国が、当該の圏の有機的構成要素としての資格を有しているといえるだろう。それを圏ごとに分類すれば、中核で一〇ヶ国、半周辺で二〇ヶ国、周辺で四四ヶ国が有機的構成要素と呼びうる国家である（補遺Ⅲ参照）。

三つのグループそれぞれの一人当りGNPのレンジ（log［中央値＋／－標準偏差］）だけでなく、各グループを全体として捉えた一人当りGNPの対数を図示したのが、**図5**である。**図5**のトレンドを**図3**のトレンドと比較することによって、後者が、変動局面要因ではなく構造的要因を、どの程度反映しているかを評価することが可能となる。この二つの図の違いは、**図3**の半周辺的最頻値の短中期的な不安定性が、**図5**ではほぼ消失しているという点にある。一九八〇―八三年の急激な下降を例外として、半周辺圏を構成する二〇ヶ国の一人当りGNPのトレンドは、中核一〇ヶ国と周辺四四ヶ国のトレンドと同程度の安定性を示している（また、一九五〇―八〇年にはトレンドの安定性は、さらに高まることがわかる）。

これは、次のことを含意している。**図2**において、半周辺的最頻値やその分布の境界線が、短中期的な不安定性を示すほとんどの場合、それは、いかなる時点でも、半周辺には有機的構成要素以外の要素が存在する、という事実に起因している。当該の期間では、有機的構成要素が、たまたま半周辺圏に位

図5　相対的な経済的支配権のトレンド

（有機的構成要素の一人当たりＧＮＰの加重平均とレンジ）

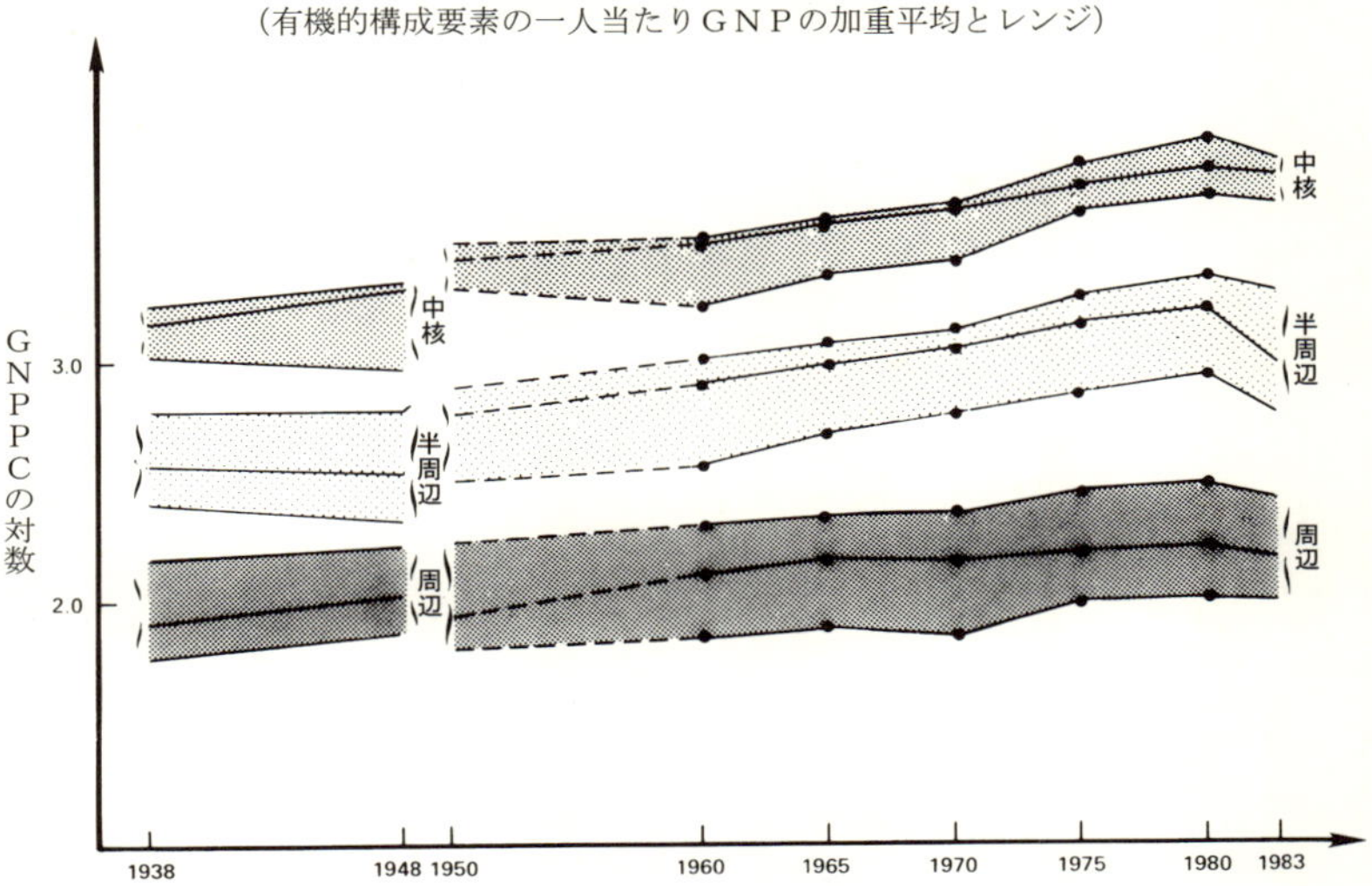

置することになった国家の大多数を構成していた。そうした有機的構成要素の存在によって、**図2**の三層分布は、統計上長期的な安定性を示すようになっているのである。そして、そのことは、**図3**及び**図4**のトレンドで立証されている。

半周辺の有機的国家のグループは、トレンド形成に最も強い影響力を発揮している。だが、主に半周辺が、中核と周辺の緩衝圏でもあるために、中短期的な変動も生じている。いかなる時点でも、半周辺には、数多く存在するランダムなあるいはシステマティックなショックのうちの一つによって、一時的にではあれ、中核から降格した（あるいは周辺から昇進した）国家が含まれる。そして、世界－経済は、そうしたショックを通じて機能しているのである。

すでに論じたように、当該の期間に中核圏からの持続的な降格というものはなく、見かけ上、周辺から持続的に昇進している国家は、一ヶ国（韓国）にすぎない。だが、一時的であるとはいえ、重大なシフトが、三つの圏の境界線上やその周囲に位置する国家のポジションをめぐって生じてきたことも事実である。そのことが、境界そのものと半周辺圏の最頻値に影響を及ぼしてきた。一九六〇年、一九六五年、そして一九七〇年において、その効果は非常に強く、その結果、中核と半周辺の境界は曖昧になり、度数分布は、ほぼ二層構造の様相を呈するようになるのである。[19]

要するに、**図3**と**図5**の比較から、変動局面の構成国と過渡的な構成国が半周辺的最頻値や境界に及ぼす影響を取り除いてトレンドを調整すれば、三つの圏の相対的ポジションの変動は、大部分消失し、長期的なトレンドは、ほぼ一定の状態を保つ、ということが明らかとなる。したがって、過去四五年間にわたる世界－経済の分極化傾向にかんする上述の結論に、変更すべき点はほとんどないといってよい（Ⅲ・3参照）。

図5で示された調整済みのトレンドは、全期間を通じて、半周辺圏がその中間的ポジションを保持する一方で、中核圏と周辺圏の分極化が拡大していく様相を明らかにしている。また、それは、この全体的な傾向が、この期間を通じて、一様に展開しているわけではないことも示している。一九三八―四八年には、中核と周辺への分極化の高まりはなく、分極化は、中核と半周辺の間でのみ見られ、その結果、半周辺は、周辺へと収束していった。続く一九五〇―六五年には、三つの圏は、ほぼ同じ速度で成長している。実際、一九五〇―六〇年には、周辺の成長率が半周辺を上回り、半周辺の成長率が中核の成長率を超えたために、三つの圏の格差は、多少とも狭まっている。また、すでにみたように、周辺化の深化というよりは、その拡大を示す年もある。すなわち、一九六五―八〇年には、半周辺が、中核の成長

率と同じ速度で成長するのにたいして、周辺の成長は停滞し、半周辺と中核の双方に遅れをとっている。そのため、中核と周辺の格差拡大は、絶対的にこの時期に集中しているのである。最後に、一九八〇―八三年をみれば、全ての圏が衰退しているが、半周辺の衰退は、他の二つの圏よりもはるかに急激であったということができる。事実、それは、三年という短期間に、それ以前の一五年間で周辺にたいして獲得した全てのものを、半周辺が失うほどの激しさであった。

Ⅲ・6 中核的経済活動の変化

こうした分析結果から何らかの結論を導く前に、最後にもう一点指摘しておかねばならないことがある。われわれは、この実証研究を、周辺的経済活動と中核的経済活動を区別し、管轄する中核－周辺活動の構成の違いで国家を分類できるような操作的な方法は存在しない、という前提から出発した（Ⅱ・1）。だが、中核－周辺活動の構成の違いを反映しているとみなしうるグループに国家を分類する方法を見出したことで、いかなる時点であれ、中核的な経済活動を確定できるようになった。

こうした確定作業を行うためには、三つの圏の有機的構成要素と結びついた経済活動の種類を調べることが必要となる。仮に、特定の時点で、中核圏の有機的構成要素が、（残りの二つの圏の有機的構成要素にはそれほど広まっていない）特定の種類の活動に特化しているとわかれば、そのような活動を、その時点における中核的経済活動とみなすことができる。だが、そうした活動にかんするこの種の研究で本稿の守備範囲といえるのは、「工業活動（industrial activities）」の地位の変化だけである。

開発論では、「工業化（industrialization）」と「開発」は、類義語として扱われる場合が多い。さらに、

「先進国（developed countries）」という用語と「工業国（industrial countries）」という用語は、言い替え可能なものとして使用され、「低開発国（less developed countries）」の工業化は、より開発の進んだ諸国への「キャッチアップ」の兆しであるとみなされている。ウォーレン（Warren 1980）その他による従属論批判は、工業化という点に議論を絞れば、先進国と低開発国の較差は狭まってきている、ということに多くの論拠を求めている。これにたいして、これまで論じてきた分析結果は、この問題にかんする新たな視角を提示できる。

図6のａには、「工業」で使用される労働力の平均比率が、**図6**のｂには、ＧＤＰに占める「製造業」のシェアの平均が、これまで中核、周辺、半周辺の有機的構成要素であるとみなしてきた三つの国家群にかんして図示されている。二つの図はともに、中核における工業化の度合いと半周辺及び周辺における工業化の度合いの格差が、一九六〇年以降、かなり埋まっていることを示している。事実、**図6**のｂをみれば、一九七〇年代には、工業化という点で、時として半周辺は、中核に追いつくだけでなく、それを追い越す場合も見受けられる。

これらは**図5**と同じ国家群にたいする指数であることから、**図5**と**図6**の指数を時期ごとに比較すれば、工業化と相対的な経済的支配権の関係の変化に評価を下すことができる。一九三八―四八年の時期には、二つの指標の間に強力な正の相関が見られる。すでに論じたように（Ⅲ・５）、この時期は、半周辺が、中核と周辺の双方にたいして経済的支配権を失いつつある時期に相当する。この経済的支配権の相対的な喪失は、**図6**の工業化指数に厳密に表れており、この時期の中核的経済活動が、ほぼ工業活動であったとみなしうる十分な根拠となっている。この時期のまさに終わりに差しかかって、プレビッシュとそ

図6　工業化度のトレンド

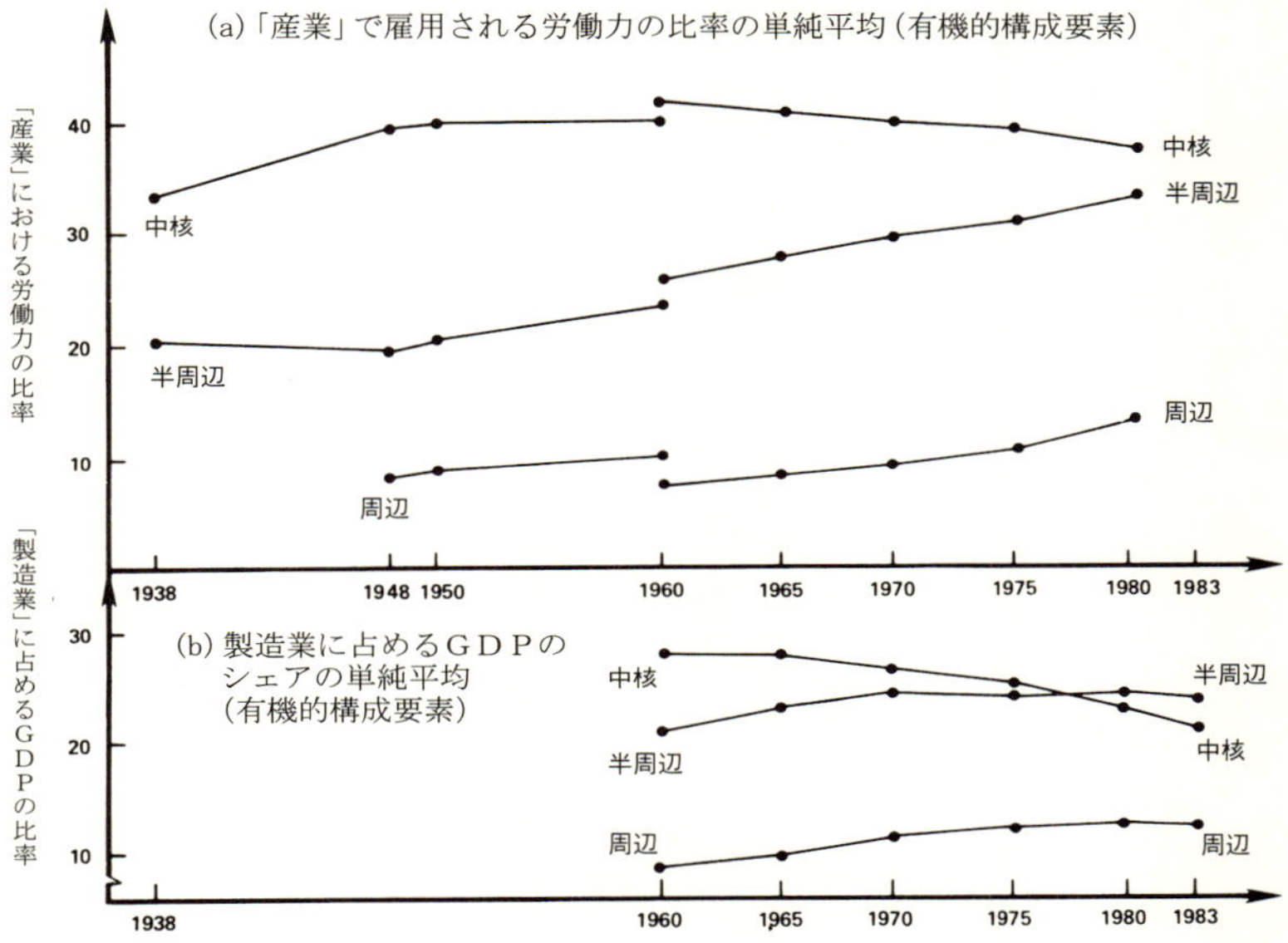

註）　補遺ⅠおよびⅡ参照

の仲間達がはじめて中核－周辺関係という概念を導入し、一次産品活動－工業活動の二分法で、それを定式化したことは、実に興味深い事実であるといえるだろう。

一九五〇―六〇年には、工業活動と中核的経済活動の正の相関はまだ見られるものの、その形態は異なっている。それは、中核と周辺及び半周辺を分かつ工業化の格差やＧＮＰ格差が、ともに狭まっていることからわかる。半周辺国家と、それよりは程度は劣るものの、周辺国家がともに、中核的工業活動にたいする中核国家の「独占状態」を侵食しはじめているのである。そうした侵食は、中核国家の経済的支配権の相対的後退となって表れている。

これにたいして、一九六〇―六五年は、移行期である。この時期、工業化の格差は、縮小し続けるが、それに相当する中核国家の経済的支配権の相対的後退は見られなくなる。これは、工業活動と中核的経済活動との強い正の相関が、失われつつある兆候とみなすことができる。それに続く二〇年間、弱まった正の相関は、負の相関へと転じ、それはますます強くなっていく。一九六五―八〇年には、周辺及び半周辺の工業化は、それ以前の二〇年間に達成したのと同程度の速度を持続するが、中核では脱工業化が開始する。それは、労働力指数のシェアとGDP指数のシェアで示されている（図6参照）。その結果、工業化という面での中核と半周辺の格差は、（選択する指数によって）まったくなくなるか、ほぼ消失し、中核と周辺の格差もかなり狭くなる。だが、同時期、中核と比較した半周辺の経済的支配権に変化はない一方で、周辺の経済的支配権は悪化している（図5及びⅢ・5参照）。

こうした事実は、工業活動が、周辺化しつつある、――言い換えれば、以前の中核的地位を失いつつある――、ということを意味する。興味深いのは、この時期の終わりに、中核－周辺の二分法は、一次産品活動－工業活動の二分法から解き放たれるべきである、とウォーラーステインが指摘している点である（註7参照）。この指摘の重要性は、一九八〇―八三年のトレンドから確認できる。その時期、半周辺は、中核にたいする工業における「優位性」をさらに高めると同時に、中核及び周辺と比較して経済的支配権を急激に低下させているのである。

要するに、半周辺と周辺の工業化は、世界－経済のヒエラルキーを転覆させる経路ではなく、究極的にはその再生産経路なのである。この分析結果が示しているのは、これまでの概念化で重視してきたプロセス、つまり、特定の時点で中核的経済活動といえるものを取り込もうとする政治的経済的アクターの全般的な試みによって、競争が刺激され、そうした競争の結果、中核的経済活動が周辺的経済活動に転落するプロセスの存在である（II・6）。実際、一九四〇年代には、工業活動（あるいは少なくともその多く）が、中核的経済活動であった。一九五〇年代には、そのような活動に転がり込む「豪華な賞品」に引き付けられ、周辺及び半周辺の政治的経済的アクターは「工業化」に身を投じた。当初、そうしたアクターは、いくばくかの利益を享受し、それによって他のアクターの追随を誘発する。だが、一九六〇年代や一九七〇年代になると、工業活動は、ますます過密状態に陥り、豪華な賞品が消え去ったばかりか、前期後発国（early-late-comers）が享受した利益も縮小し続け、一九八〇年代には広範囲な損失を生み出すに到ったのである。

ここで新たな問題が浮上する。中核的経済活動の集中する部門が、今日、もはや工業活動や製造業活動でなくなっているとすれば、一体どの経済部門にそれは集中しているのか、という問題である。実際、工業化に代わってますます重要度を増しているのは、垂直的に統合された多国籍企業（transnational cooperation）である。そして、この多国籍企業が、（農鉱業から製造業、流通業、銀行業に到る）あらゆる経済活動部門の中核的経済活動の基準として台頭している、との指摘がなされている。こうした多国籍企業の発展は、既存の中核－周辺の二分法や、生産される商品の特定の種類（たとえば、製造業か農業か）といった基準、あるいは使用される生産手段の技術（たとえば、高生産性か低生産性か）といった基準にもとづく二分法を崩壊させ曖昧にしているのである。

異なる国に分散して行われる経済活動は、多国籍企業の組織内部で統合され結合するプロセスの一部となり、その結果、こうした二分法には収まりきらない事態が生じている。むしろ、こうした状況では、戦略的意思決定、管理、経営、R&Dといった活動と純粋に製造にかかわる活動を区別して考えることこそが必要となる。その意味では、中核圏は企業資本の「頭脳」活動の場となり、周辺圏は「筋肉及び神経」活動の場となる傾向を持つ、ということができる。同様に、半周辺圏の特徴は、「頭脳」活動と「筋肉及び神経」活動を多少とも均等に含む構成を持つところにある、と言換えることができるのである(Arrighi, 1985b: 275)。

このオルターナティブな仮説が、有効であるかどうかは、この節の冒頭で指摘した研究を通じてはじめて立証可能となる。本稿で提示した論拠から言えるのは、少なくとも高度な工業化だけで、一九七〇年代や一九八〇年代に中核国家が示した世界分業の利益にたいする支配権の回復能力は説明できないということだけである。

Ⅳ 結 論

本稿は、二つ以上の点において予備的研究の域を出るものではない。実際、すでに論じたように、これまで以上に範囲が広く詳細な研究を要する新たな問題が浮上している。この研究をさらに推し進めるためには、こうした問題に解答を与えるだけでなく、世界–経済分析により強固な実証的理論的基礎を与える必要がある。われわれの使用したデータには信頼性と比較可能性の面で限界がある。そのため、それを操作して結論を導き出すことができる範囲は制約されている。もちろん、より信頼でき比較可能なデータが利用可能になれば、導き出される結論は多少異なったものとなるだろう。

だが、ここで使用したデータの主たる限界が、その信頼性や比較可能性にあるわけではない。問題は、それがカバーする期間の短さにこそある。それは（一九三八―四八年のB局面からA局面への移行と、一九五〇―六五年／七〇年のA局面、そして現在進行中のB局面という）一つの長期波動をカバーするものではないために、世界－経済及びその三層構造の周期的変動（cyclical rhythm）と長期持続（longue durée）にかんして、ほとんど何も語ることはできないのである。しかしながら、本稿で行った実証分析は、B局面のほうがA局面よりも世界－経済の分極化傾向が弱い、というフランク（Frank, 1969）その他の見解を支持するものではなかった。すなわち、A局面は周辺化の拡大期間として現れ、B局面は周辺化の深化期間として現れている。その一方で、上層への純粋な移行は、全てB局面で完結し、それに対応する「離陸」はA局面で生じているのである（Ⅲ・3―5）。このことは、われわれのデータがカバーする唯一の長期波動が持つ固有の特徴にすぎない、とするもっともな理由もあるが、そのことを確認するためにはさらに時間を遡り研究を拡張しなければならないであろう。[20]

最後に、本稿の分析の位置を確認する上で、けっして無視できない点を指摘しておこう。それは、ここで提示した統計的な実証分析は、われわれの仮説が、歴史的プロセスの正確な描写であるかのように、過去四五年間世界－経済は動いてきた、といっているに過ぎないということである。このことが現実に当てはまるのかどうかを確かめるのに、歴史分析をおいて他にないことは言をまたない。

だが、全てのことが語られなされたとしても、「近代化」論や「従属」論のいずれの理論でも説明しえていない階層化と発展のパターンを世界－経済は示している、という本稿の結論にたいして、われわれの予備的考察が打ち立てた論拠は、強力かつ明瞭（prima facie）である。たしかに、この二つのタイプの理論は、われわれの分析結果のうちいくつかの側面を説明する際に、多少の関連はある。だが、両者はともに、ここで明らかにした全体的なパターンを包括的に説明することはできていない。

たとえば、近代化論（とその開発主義的な亜種）は、何らかのキャッチアップの存在については語ることができる。キャッチアップが工業化と定義されるならば、現実に多くのキャッチアップが存在したといえるだろう。この点は、僅かばかりも見過ごされるべきではない。周辺国家及び半周辺国家の工業化と、それよりもはるかに広範に展開される脱農村化（deruralization）が、それを経験した国家や世界－経済の将来にたいして最も重要な社会的政治的含意をもっていることは事実として受けとめねばならない（Arrighi & Silver, 1984）。しかしながら、われわれの考察の最も注目すべき分析結果、つまり、世界－経済の異なる階層に分割される経済的支配権の格差に、こうした全てのキャッチアップがさほど影響を及ぼさなかった、という点を考慮しなければ、その含意も誤った解釈へと容易に導かれるのである。

その意味で、従属論の功績は、近代化論よりもはるかに大きい。われわれの考察は、世界－経済が、現実に広範囲にわたる分極化傾向に晒されてきた、ということを明らかにするものであり、従属論の立場を支持するものである。われわれの測定では、こうした傾向は、最も極端な従属論のビジョンの想定と比較すれば、それほど強いものであったとはいえない。だが、それが、世界－経済の全体論的理解にたいする開発主義的な視座の主張を放逐するだけの十分な広がりと強さを持っていることは確かである。

にもかかわらず、この二つの理論の失敗もまた強調しておかねばならない。実際、この二つの理論では、集団として世界－経済の富の基準を設定する少数の国家群にキャッチアップするわけでもなく、貧困の基準を設定する多数の国家群に加わるのでもない中間的な国家群が、一貫して存在し続けていることを説明することができないのである。数値的には、こうした国家群の相対的規模は大きく、それは中核グループの規模の約二倍、周辺グループの規模のほぼ半分に相当する。しかし、世界－経済の政治学にとって、この国家群の重要度は、こうした数値が示すよりはるかに高い。

戦間期、世界的に重要な意味を持つ二つの主要な政治的イノベーションが、この国家群から誕生している。ソ連における共産主義とイタリアのファシズムである。戦後、ソ連は、この国家群に不動のままとどまり続け、超大国の一つになった。現在の世界－経済危機のなかで、中間的な国家群には、政治的混乱の主要な震源地となっている諸国の大部分（南アフリカ、イラン、イラク、シリア、イスラエル、ニカラグア、エルサルバドル、ポーランド）と、米国以外の重債務国の全て（アルゼンチン、メキシコ、ブラジル、ベネズエラ、チリ、ポーランド）が含まれている。

かくして、半周辺は、今日に到るまで政治的混乱の圏であり続けてきた。この点に照らしてみれば、半周辺国家が、あらゆる角度から研究されながらも、それが持つ共通点、つまり、粗っぽい言い方をすれば、中間に位置しその場にとどまるためには早く走らなければならない、という観点からは分析されてこなかったことは驚くべきことである。[21]「ヨーロッパ中心主義（Eurocentrism）」と「第三世界主義（Third-Worldism）」を経た今日、半周辺圏に眼を凝らす期は熟していると言えるだろう。

（尹春志訳）

＊ 本稿の作成に当っては、フェルナン・ブローデル・センターの半周辺国家研究ワーキンググループ（RWG）による問題提起と南ヨーロッパ政治経済プロジェクトから着想を得ている。後者のプロジェクトは、主に南ヨーロッパの政治変化にかんするものであり、その成果は、Arrighi（1985a）として公刊されている。半周辺国家RWGは、三年前に結成され選択的なケース・スタディーの検討を通じて、開発過程の社会的政治経済に関心を寄せてきた。その成果は、一九八七年に刊行を予定している。本稿の執筆時点で、RWGで分析された国家とその分析に携わった人物は次のようになる。アルゼンチン（Robert P. Korzeniewicz）、チリ（Miguel Correa）、インド（James Matson）、イスラエル（Beverly J. Silver）、イタリア（Giovanni Arrighi）、メキシコ（Jessica Drangel）、ポーランド（Ravi Palat）、ポルトガル（Carlos Fortuna）、南アフリカ（William G. Martin）、台湾（Dennis Engbarth）、トルコ（Eyüp Özveren）。本稿作成のさまざまな準備段階では、こうしたRWGの全ての参加者とImmanuel Wallerstein, Brian Van Arkadie に負うところが大きかった。こうした方々からは、議論にたいする刺激とコメント、批判をいただいた。特に Bill Martin と Beverly Silver には、初期の草稿にたいする詳細なコメントをいただき、Bill Davis にはコンピューター関連の補助を Roberto Korzeniewicz と Trevor Abrahams にはデータの精緻化と収集にかんしてお世話になった。記して謝意を表したい。

註

（1） こうした傾向は、近年の研究ではさらに明瞭になっている。すなわち、ロストウは、経済成長が停滞するケースの各国別の固有性を主張するのにたいして（Rostow, 1978: 561. 及びその他）、アミンは、分極化は不変であり、半工業化諸国（semi-industrialized countries）は冷酷な経済的未来に直面すると論じている（Amin, 1982: 168, 196 及びその他）。

（2） ウォーラーステインの半周辺にかんする考えは、過去一〇年間の著書及び論文で散見される。最も重要な諸論考は、Wallerstein（1979 and 1984）に収められており、最新の定式は Wallerstein（1985）に見られる。

（3） これが、半周辺圏の機能にかんする追加的な仮定である。だが、それは、半周辺圏の存在を説明する必要条件でもなければ十分条件でもない。

（4） 「一つの最終消費品目を取り上げ、その品目に最終的に組み込まれる一連のインプット——先行する諸加工工程、原材料、輸送メカニズム、原料加工の各工程に投入される労働のインプット、労働者への食料のインプット——の足跡を辿ってみよう。この一連の連関する諸工程を、われわれは商品連鎖と呼ぶ」（Hopkins & Wallerstein, 1977: 128, 邦訳四四ページ）。

(5) これこそが、まさにプレビッシュとその仲間たちが提唱した中心－周辺の二分法にかんするオリジナルの定式である（United Nations, 1950; Prebisch, 1959）。だが、この定式は中心－周辺関係の動態的で長期的側面を十分に考慮していなかった。Hopkins & Wallerstein（1977: 115-16, 邦訳二二―二四ページ）及びⅡ・3以下参照。

(6) われわれは、一つの商品連鎖が生み出す総生産物と、周辺的経済活動で生産要素が使われた場合に、そうした生産要素が受け取ることになる総報酬との較差を、簡潔に表現する呼称として「剰余」という用語を選んだ。だとすれば、（Ⅰ・3で述べたように）、中核的経済活動は、商品連鎖の内部で生産される総剰余の大部分を支配する活動であり、周辺的経済活動は、そのような剰余をほとんど、あるいはまったく支配しない活動である、と言うことができる。だが、この剰余概念は、マルクスや古典派経済学が、資産所得や企業家所得を指すために用いた剰余価値概念とは概念上まったく異なっている、という点には留意しなければならない。

(7) このことが、われわれの立場と註5で言及したプレビッシュやラテンアメリカ経済委員会（ＥＣＬＡ）の立場に違いを生み出している。ウォーラーステインの長所は、特定の一対の生産物（たとえば、原材料と製造業生産物）、あるいは特定の一対の地域／国と、中核－周辺関係を区別した点にある。だが、かれは、中核－周辺関係と使用される機械化技術の程度とを未だに混同しているふしがある（たとえば、Wallerstein, 1984: 16参照）。

(8) もちろん、この二通りの読み方をそのまま活かして、二つのタイプの不均等性（unevenness）の源泉にまで遡り、それを一つの要因に求めることもできる。この方向に踏み込んだ一つの試論が、Arrighi, et al.（1986）である。引用したシュンペーター（1954: 73-74）の文章は――「実業家」を「政治的経済的アクター」に置き換えて、より一般化することを望まないとすれば――まったく変更を加えなくても、中核－周辺関係の叙述として、読むことが可能であるという点にも留意すべきである。

(9) だが、これが唯一の構成要件というわけでもない。経済的な周辺性は、規模やイデオロギー、組織そしてさまざまな種類の政治的イノベーションを通じて政治的領域で補償できるだけでなく、それ以上のことも可能である（Schurmann, 1974参照）。この顕著な例証が、最強の中核国家（アメリカ合衆国）が、相対的に小規模で経済的には周辺国家に属する国（ベトナム）に軍事的政治的敗北を喫したということであろう。また、同時に、この敗北は、両国の相対的な経済的支配権には、それほど大きな影響を与えることはなく、対立前と同様、依然として米国は、中核国家であり、ベトナムは、周辺国家であり続けている。

(10) 当該の格差が大きいのみならず、拡大していくと想定できる条件については、註16を参照。

(11) 周辺圏における低賃金が、中核的経済活動を引き付けることができないもう一つの理由は、通常、低賃金は生産コストに及ぼす正の効果を相殺する傾向を伴うからである。周辺的経済活動の報酬は、定義上（Ⅱ・3）、世界－経済の社会的分業の外部で生産要素が挙げる報酬よりもわずかに高いだけである。そのため、報酬の格差が、賃金格差にほぼ等しいとすれば、周辺的家計が周期的に世界－経済の回路（circuit）から労働力を撤収する強力な傾向が存在することになる。その結果、労働供給と資本主義的生産の販路は、以前よりもはるかに連続性と信頼性を失い、収益性に明確な負の効果を及ぼすことになる。

(12) 「中核の外縁部」という用語（またそれとのアナロジーから「周辺の外縁部」という用語）は、Lange (1985) からの借用であるが、かれの用語法は、ここでの意味とは異なっている（Arrighi, 1985b: 247参照）。

(13) 経済活動に応じて、国家を分類する最も洗練された試みは、われわれの知る限り、Synder & Kick (1979) とSmith (1985) の論考である。これらの研究は、世界－経済の三つの圏を確定するという点では役に立たないが、そのポジションが、なんらかの他の基準にもとづいていったん確定された状態で、異なる構造的なポジションに位置する国家の貿易パターンを定義する際には非常に有効な方法を提示している。

(14) 周知のように、異なる国の一人当りGNPを市場為替レートで共通の通貨単位に換算した値を比較する際、いくつかの問題点が指摘されている。そうした問題が発生する原因は、為替レートに反映されるのは、諸通貨が世界市場で支配するものであって、それぞれの国家の管轄権内部で支配するものではない、という点にある。にもかかわらず、この分野での研究は、世界－経済の資源にたいする暗黙の支配権ではなく、通貨の購買力の観点から国民勘定を比較可能にする換算基準を探る方向で進められている（Kravis et. al, 1975, 1978, 1982参照）。これにたいして、われわれの概念化は、世界の経済的資源の支配権にかんするものであって、現実の生活水準についてのものではない。したがって、本稿の観点からすれば、そうした問題は生じない。
(15) 利益や損失は、当初、過去、現在、未来における利益の専有能力ではなく、あるいはそうした能力に加えて、たまたま「専有している（sit on）」特定の資源の組み合わせに応じて国家や企業に発生する。その意味で、非常に短期でみれば、イノベーションが、利益配分に及ぼす効果には非常にランダムな構成要素が含まれている。だが、こうしたランダムな効果が、相対的な能力に応じてしだいに利益配分を形成していく行動や反応を即座に引き出すわけではない。
必要な変更を施せば、同様の考察が、利益配分のもう一つの重要な要因、つまり、多様な国民通貨が交換される平価システムにも当てはまる。いかなる特定の時点でも、多かれ少なかれ、そうした平価の多くは、（ワルラス流にいえば）偶然の産物ではない（criees par hasard）。つまり、それらは、国家間で見られる利益配分に反映されるランダムな構成要素を含んでいるのである。長期でみてはじめて、利益を専有する相対的能力が、平価システムと所得分配システムの双方を決定する重要な要因として現れるようになる。
(16) この分析結果を解釈する際に念頭におかねばならないのは、時間の経過とともに世界分業の利益が増大すると仮定するのか、減少すると仮定するのかに応じて、（図1のように中核－周辺活動の構成で示される）世界－経済の三つの構造的ポジションからどの二つを取り出しても、その分極化の程度が一定である、ということの持つ含意が異なってくるという点である。つまり、前者の場合、それは対数表示したGNPCで表される格差の拡大を意味し、後者の場合、その縮小を意味している。三つの構造的ポジションは、利益にたいする国家の不均等な専有能力の観点から定義されている。そのため、能力における不平等が変わらないのに、利益が増大するとすれば、能力の低い国の報酬と能力の高い国の報酬の格差もまた拡大することになる（また利益が減少するとすれば、報酬の格差も縮小することになる）。
(17) 国家を分類する際の手続き及び各セルに入る国名については、補遺Ⅱで示してある。
(18) 中核圏と半周辺圏が融合したとの印象を与える一九五〇—七〇年における半周辺的最頻値の急速な上昇と、二つの圏の距離が急速に回復していった一九七〇—八三年におけるそれと同程度に急速な低下を例として取り上げよう。果たして、この急激な上昇と下降は、半周辺の有機的構成要素のポジションが、他の圏の有機的構成要素にたいして改善した後に悪化したことを意味するのであろうか。あるいは、それは、中核圏の有機的構成要素の一部が、同じ中核圏を構成する他の要素にたいして自己のポジションを悪化させた後に改善する変動局面を意味するのであろうか。さらに、上方への振幅は、単に半周辺圏に属する構成要素の一部が、例外的に高い成長率を示したことを意味し、下方への振幅は、そうした構成要素が、中核圏に参入した「統計上の効果」を意味するといってよいのだろうか。

(19) 一九六五—一九七〇年の境界の希薄化、周辺の最頻値の急激な上昇とその後の低下に、ある程度別の要因も作用している。つまり、中核あるいは周辺への移行に専心する国家からなる半周辺圏の存在である。ある国家が、現実に「離陸(take off)」し、中核的ポジションに移行する場合、その国家は、しばらくの間、極めて高い成長率を示すことになる。それが人口的にみて大国であれば、この高い成長率は、半周辺的最頻値の成長率を引き上げ、圏の境界を曖昧にする。この移行が完了するや否や、半周辺的最頻値の成長率は引き戻され、境界が再び明確なものとなる。この意味で、リビアやイタリアの移行が、**図2**の分布に何らかの重要な影響を及ぼしたかどうかには疑問が残る。リビアの人口規模は小さいために、集計値に影響を及ぼすことはできないし、イタリアの中核への上昇は、半周辺の上層部から中核の下層部への移動の一部であるために、その効果はかなり不明瞭なものであった、ということができるからである。これにたいして、日本は規模においても成長率の急激さにおいても際立っており、それが半周辺的最頻値と境界に影響を及ぼしたことは確実である。

(20) この方向での第一歩が、Arrighi et. al (1986) である。

(21) 半周辺国家が、中間的ポジションにとどまるために早く走り続けなければならない、ということは、半周辺圏では、世界–経済の分極化傾向が、国家の行動によって中立化される(Ⅱ・6)、というわれわれの仮説のなかに暗黙のうちに含まれている。その点は、本稿の冒頭で言及した半周辺国家研究ワーキンググループ(Research Working Group on Semiperipheral States)の分析で明示され、歴史的に立証されている。

補遺I　データの出所と用途

図3―5及び**表1―3**を導出した**図2**の分布が依拠する出所は、次のようになる。一九三八年と一九四八年に関しては Woytinsky & Woytinsky（1953）、一九六〇―八三年は World Bank（1984）、一九八〇年と一九八三年は World Bnak（various years）。一九五〇年については、Morawetz（1977）が世界銀行のデータから導出した推計値を用いている。これらの出所から、US Department of Commerce（1975 & various years）で得られる米国のGNPデフレターを使い、一九七〇年の為替レートでドル換算した米ドル建て一人当りGNPの値を計算している。

Woytinsky & Woytinsky のデータは、一九三八年で五七ヶ国を、一九四八年では五八ヶ国しか網羅していない。世界銀行のデータは、年ごとに異なるが、一〇一ヶ国から一〇五ヶ国を網羅している。ここでの主たる関心が、所得のグローバルな分配（とそうした分配と関連した国家のポジション）を確定することにあることから、常に、各時点でそれぞれの出所に含まれる全ての国を取り上げることにした。だが、この手続きは、データの異時点間の比較可能性をかなり低下させてしまっている。さらに、出所によっては取りこぼされている国家（主として世界銀行のデータではソ連が、Woytinsky & Woytinsky の一九四八年のデータ及び一九八〇年以前の世界銀行のデータでは中国がそれに当る）の規模の大きさを考えれば、その分布が大きく歪んでいる年もある。こうした歪みを抑えるために、（以下で示されるように）出所間のデータを統合する処理が施されている。

このようにデータを統合しても、特にある出所から別の出所へと切り替わる場合、異時点間の分布の比較可能性には、依然として制約がある。したがって、全ての図において、一九三八―四八年と一九五〇年は比較可能なものではなく、一九五〇年と一九六〇―八三年の比較可能性にも制約があると考えねばならない。だが、**図5**の指数は、一貫して不変の「国家バスケット」にもとづいて構成されており（補遺Ⅱ及びⅢ参照）、そのため**図3**及び**図4**の指数よりも異時点間比較の基準としては信頼度が高い。

前述の出所のデータとそれ以外の出所のデータは、次の二つの異なる手続きに従って統合されている。（より最近のデータにかんしては世界銀行の出所から得られるが）中国、ルーマニア、ハンガリーの場合、Banks (n.d.) で入手可能な時系列の米ドル建て一人当りＧＮＰ成長率にもとづいて、それ以前の数年間にわたるポジションを推計した。世界銀行からデータが入手できないソ連の場合、一九五〇―八〇年については、Central Intelligence Agency (1982) の推計値を用い、それに一九八〇―八三年の予想可能な成長率にもとづいて一九八三年にかんする独自の推計を付け加えた。

データの信頼性と比較可能性を評価する際には、使用する目的を念頭に置かねばならない。この点、次の二つが指摘できる。一つは、三層の分布を生み出しているかどうかを確認することであり、もう一つは、三層分布が確認できる場合、三つの圏の境界として採用可能な低頻度区画を選び出すことである（補遺Ⅱ参照）。本稿では、そうした境界を示すということ以外の点で、いかなる国家にたいしても、その一人当りＧＮＰに重要性が与えられることはない。さらに、国家群の一人当りＧＮＰの最頻値や、その平均値のトレンドや変動でさえ、常に、他の国家群の一人当りＧＮＰの最頻値や平均値との比較で分析が行われている。言い換えれば、データの信頼性と比較可能性を評価するときに重要なのは、そうしたデータが、世界－経済における報酬の分配やそうした分配と関連する国家の近似的なポジションについて示唆を得ることができるかどうかである。

補遺II　三つの圏の境界と規模を定義する手続き

圏の境界（図2a―2c参照）と図4で示される圏の相対的規模は、暗黙のうちに次の手続きに従って定義されている。

予備的な段階として、まず、中核的最頻値、周辺的最頻値、半周辺的最頻値とみなしうる分布における三つの最大値を抜き出す。一人当りGNP（GNPPC）の対数のローレンジにおける最頻度区画の中間点を、周辺的最頻値（PM）とみなし、レンジの対極にある最頻度区画の中間点を、中核的最頻値（CM）とみなしている。次に半周辺的最頻値を、周辺的最頻値の右にある三つの区画と、中核的最頻値の左にある三つの区画のレンジにおける最頻度点と定義する。「三区画条項（three intervals clause）」は、（一区画の余裕を持たせることで）同じ国家が、三区画移動平均によって異なる二つの最頻値の決定に参与しないようにするために導入されている。この基準では、中間のレンジに度数の等しい中間的な最高点が二つ存在する一九六〇年の分布の半周辺的最頻値が決定できない。この二つの中間的な最高点は、一つの区画によって分離されることから、その区画を半周辺的最頻値とみなしてもよいと考えている。二つの最高点が、二つ以上の区画で分離される場合には、その分布は三層をとらないものとみなされ、分析対象からはずされなければならない。

一九七〇年の分布は、別の理由で分析対象から除外されている。つまり、SMやCMとして選択したものが、三つ以上の区画で分離されていないのである（図2b参照）。したがって、仮に右で定義した手続きを厳密に適用するとすれば、PP1とPP2に挟まれるより平板な最大値を半周辺的最頻値として選択することになるだろう。だが、これはあまりにも形式主義に捉われているように思われる。それゆえ、われわれは、SMで示されるより度数の高い区画を半周辺圏として選択している。ところが、ここでの主要な推論が、こうした選択に決定的に依存するものではないことは確認されており、データの分析全体を通じて、一九七〇年の分布の三層性が疑わしいことは明らかとなっている。

三つの最頻値を決定し、圏の境界を定義する手続きは次のようになる。

（一）分布が二つの最頻値の間に極小値を一つしかもたない場合、その区画に含まれる国家は（三区画移動平均によって）二つの最頻値の一つもしくは両方の決定には参与しないということを前提に、そうした極小値を示す区画が、二つの圏を分かつ境界とみなされる。こうして決定される境界が、一九五〇年と一九六五年の周辺の外縁部（PP1—PP2）であり、一九五〇年の中核の外縁部（PC1—PC2）である。

（二）分布が二つの最頻値の間に極小値を一つしかもたないが、それに相当する区画に入る国家が両方の最頻値の決定に参与する場合、その分布は、三層構造をもたず分析対象からはずされる。

（三）分布が二つの最頻値の間に極小値を一つだけ持ち、それに相当する区画に入る国家が二つの最頻値のうちのいずれか一つの決定に参与する場合、その区画は、その圏に含まれ、その境界は区画ではなく線によって定義される。一九六〇年、一九六五年、一九七〇年の中核の外縁部はこのようにして決定されている。

（四）（ほとんどの事例で実際起こっているように）分布が、二つ以上の極小値を二つの最頻値の間に持つ場合、その二つの最頻値のいずれかよりも高い度数を持つ極小値が、分析対象からはずされる。その結果、一つの極小値しか残らない場合、上で設定した手続きに従って境界を定めている。一九三八年と一九四八年の周辺の外縁部はこのようにして設定されている。まだ、二つ以上の極小値が残っている場合、度数が最低の極小値を二つ取り出し、圏の外縁部はこの二つの極小値に対応した区画によって囲まれる（がそれを除いた）全ての区画で構成されるものと定義している。こうして決定されたものには、一九六〇年、一九七〇年、一九七五年、一九八〇年、一九八三年の周辺の外縁部だけでなく、一九三八年、一九四八年、一九七五年、一九八〇年、一九八三年の中核の外縁部がある。

二つの圏の境界を決定すれば、ＧＮＰＰＣの対数が、三つの圏のいずれに入るのか、あるいは二つの外縁部のうちのいずれに入るのかに応じて、国家が分類される。それぞれの圏や外縁部に属する国家が、世界人口に占める比率を付け加えれば、**図４**で示される三つの圏の相対的規模が決定される。さらに、この分類を用いて、補遺**Ⅲ**で論じる国家の上昇と下降の分析が可能となる。

補遺Ⅲ　表1、2、3で国家を分類し各圏の「有機的」構成要素を決定する手続き

補遺Ⅱでは、周辺（P）、周辺の外縁部（PP）、半周辺（S）、中核の外縁部（PC）、中核（C）といった五つの範疇に国家を分類する方法について検討した。この円滑化の手続きはわれわれのデータベースにすでに組み込まれているが、どの年でも国家のポジションは変動局面要因やランダムな要因から強い影響を受ける（Ⅲ・2参照）。**表1、2、3**（そして後述の**表1a、2a、3a**）は、第一に、三つの分析対象となる年（一九三八、一九四八、一九五〇年と一九六〇、一九六五、一九七〇年、そして一九七五、一九八〇、一九八三年）にかんして、こうした影響を「平均化」し、第二に、ある時期の「平均的」ポジションを、それに続く時期の「平均的」ポジションと比較するという二つの目的をもって作成されている。

残念なことに、こうした九つの年の分析が、必ずしも全ての国にたいして成り立つわけではない。後述の**表1a、2a、3a**からわかるように、多くの周辺諸国にかんして、初期には一つないしは二つしか分析できる年が存在せず、後半期でも二つしか分析できる年がない場合もある。だが、幸いにも、一貫して中核やその隣接範疇に分類される全ての国家については、九つ全ての年が分析が可能であり、このことは、ほとんどの半周辺国家や比較的規模の大きい周辺国家の大部分にも当てはまる。したがって、表で示され本文で論じた全体的な構図は、十分に満足のいく信頼性を持つとみなしてよい。

表１ａ　1938 − 50 年と比較した 1975 − 83 年のポジション

		1938 − 50 年のポジション				
		C	PC	S	PP	P
1975 − 83 年のポジション	C	A	B	C	D	E
	PC	F	G	H	I	J
	S	K	L	M	N	O
	PP	P	Q	R	S	T
	P	U	V	W	X	Y

註）表 1a に入る国家
A：オーストラリア、カナダ、デンマーク、ドイツ、オランダ、ニュージーランド、ノルウェー、スウェーデン、イギリス、アメリカ合衆国
B：オーストリア、ベルギー、フィンランド、フランス
C：イタリア、日本、リビア (1)
D：
E：
F：
G：アイルランド
H：香港 (1)、イスラエル (2)、スペイン、トリニダード・トバゴ
I：
J：
K：
L：南アフリカ
M：アルジェリア (1)、アルゼンチン、ブラジル、チリ、コロンビア、コンゴ (1) コスタリカ (1)、ギリシア、ハンガリー (2)、イラン (1) (3)、ジャマイカ、マレーシア (1)、メキシコ、ニカラグア、パナマ、ルーマニア、シリア (1) トルコ、ウルグアイ (2)、ソ連、ベネズエラ、ユーゴスラビア (2)
N：ドミニカ共和国、エクアドル、グァテマラ (2)、パラグアイ、ペルー
O：韓国 (1)
P：
Q：
R：コートジボアール、モロッコ (1)
S：エルサルバドル、パプア・ニューギニア (1)、ザンビア、ジンバブエ (2)
T：ナイジェリア (1)、フィリピン
U：
V：
W：ガーナ (1)
X：アンゴラ (1) (3)、エジプト、ホンジュラス (2)、セネガル (1)
Y：アフガニスタン (1)、ボリビア、ビルマ (2)、ブルンジ (1)、カメルーン、中国、中央アフリカ共和国 (1)、エチオピア (1)、インド、インドネシア (2)、ケニア (2) マダガスカル (1)、マラウィ (1)、マリ (1)、モーリタニア (1)、モザンビーク (1)、ネパール (1)、パキスタン (1)、ルワンダ (1)、ソマリア (1)、スリランカ、スーダン (1)、タンザニア (1)、タイ (2)、トーゴ (1)、ウガンダ (1)、オートヴォルタ (1)

(1) 1938 − 50 年にかんして 1 つだけ観察できる
(2) 1938 − 50 年にかんして 2 つだけ観察できる
(3) 1975 − 83 年にかんして 2 つだけ観察できる

表２ａ　1938 － 50 年と比較した 1960 － 70 年のポジション

		1938 － 50 年のポジション				
		C	PC	S	PP	P
1960 － 70 年のポジション	C	A	B	C	D	E
	PC	F	G	H	I	J
	S	K	L	M	N	O
	PP	P	Q	R	S	T
	P	U	V	W	X	Y

註）表 2a に入る国家
A：カナダ、スウェーデン、アメリカ合衆国
B：
C：
D：
E：
F：オーストラリア、デンマーク、ドイツ、ニュージーランド、ノルウェー、スイス、イギリス
G：
H：
I：
J：
K：
L：オーストリア、ベルギー、フィンランド、フランス、アイルランド、オランダ、南アフリカ
M：アルゼンチン、チリ、ハンガリー (2)、イスラエル (2)、イタリア、ジャマイカ、日本、パナマ、スペイン、トリニダード・トバゴ (1)、ソ連、ベネズエラ、ユーゴスラビア (2)
N：
O：
P：
Q：
R：コスタリカ (1)、ギリシア、香港 (1)、リビア (1)、メキシコ、トルコ、ウルグアイ (2)
S：ペルー
T：
U：
V：
W：アルジェリア (1)、ブラジル、コロンビア、コンゴ (1)、ガーナ、イラン (1)、イラク (1)、コートジボアール (1)、マレーシア (1)、モロッコ (1)、ニカラグア (1)、シリア (1)
X：アンゴラ (1)、ドミニカ共和国、エジプト、エルサルバドル、エクアドル、グァテマラ、ホンジュラス (2)、パプア・ニューギニア (1)、パラグアイ、セネガル (1)、ザンビア、ジンバブエ (2)
Y：アフガニスタン (1)、ボリビア、ビルマ (2)、ブルンジ (1)、カメルーン (1)、中央アフリカ共和国 (1) 中国、エチオピア (1)、インド、インドネシア (2)、ケニア (2)、マダガスカル (1)、マラウィ (1)、マリ (1)、モーリタニア (1)、モザンビーク (1)、ネパール (1)、ナイジェリア (1)、パキスタン (1) フィリピン、ルワンダ (1)、ソマリア (1)、韓国 (1)、スリランカ、スーダン (1)、タンザニア、タイ (2) トーゴ (1)、ウガンダ (1)、オートヴォルタ (1)

(1) 1938 － 50 年にかんして 1 つだけ観察できる
(2) 1938 － 50 年にかんして 2 つだけ観察できる

表３ａ　1960 − 70 年と比較した 1975 − 83 年のポジション

		1960 − 70 年のポジション				
		C	PC	S	PP	P
1975 − 83 年のポジション	C	A	B	C	D	E
	PC	F	G	H	I	J
	S	K	L	M	N	O
	PP	P	Q	R	S	T
	P	U	V	W	X	Y

註）表３ａに入る国家
Ａ：カナダ、スウェーデン、アメリカ合衆国
Ｂ：オーストラリア、デンマーク、ドイツ、ニュージーランド、ノルウェー、スイス、イギリス
Ｃ：オーストリア、ベルギー、フィンランド、フランス、イタリア、日本、オランダ
Ｄ：リビア、サウジアラビア
Ｅ：
Ｆ：
Ｇ：
Ｈ：アイルランド、イスラエル、シンガポール、スペイン、トリニダード・トバゴ
Ｉ：香港
Ｊ：
Ｋ：
Ｌ：
Ｍ：アルゼンチン、チリ、ギリシア、ハンガリー、ジャマイカ、パナマ、ルーマニア、ソ連、南アフリカ、ベネズエラ、ユーゴスラビア
Ｎ：コスタリカ、メキシコ、ペルー、ポルトガル、トルコ、ウルグアイ
Ｏ：アルジェリア、ブラジル、コロンビア、コンゴ、ドミニカ共和国、エクアドル、グァテマラ、イラン（1）、イラク（1）、マレーシア、ニカラグア、パラグアイ、韓国、シリア、チュニジア
Ｐ：
Ｑ：
Ｒ：
Ｓ：
Ｔ：エルサルバドル、コートジボアール、モロッコ、ナイジェリア、パプア・ニューギニア、フィリピン、ザンビア、ジンバブエ
Ｕ：
Ｖ：
Ｗ：
Ｘ：
Ｙ：アフガニスタン（1）、アンゴラ（1）、バングラデシュ、ベニン、ボリビア、ビルマ、ブルンジ、カメルーン、中央アフリカ共和国、チャド、中国、エジプト、エチオピア、ガーナ（1）、ギニア、ハイチ、ホンジュラス、インド、インドネシア、ケニア、リベリア、マダガスカル、マラウィ、マリ、モーリタニア、モザンビーク（1）、ネパール、ニジェール、パキスタン、ルワンダ、セネガル、ソマリア、スリランカ、スーダン、タンザニア、タイ、トーゴ、オートヴォルタ（1）

（1）1975 − 83 年にかんして１つだけ観察できる

各期間における国家のポジションは、次の手続きに従って決定されている。

(一) 3つの年で分析が可能な場合、国家の分類は次のようになる

・三つの考察対象となる年がC, C, C; C, C, PCを示すならば、中核
・三つの考察対象となる年がS, S, S; S, S, PC; S, S, PPを示すなら、半周辺
・三つの考察対象となる年がP, P, P; P, P, PPを示すならば、周辺
・三つの考察対象となる年がPC, PC, PC; PC, PC, C; PC, PC, S; C, C, S; C, S, Sのうちの一つを示すならば、中核の外縁部
・三つの考察対象となる年がPP, PP, PP; PP, PP, P; PP, PP, S; S, S, P; P, P, Sのうちの一つを示すならば、周辺の外縁部に分類される。

(二) 二つの年で分析が可能な場合、国家の分類は次のようになる。

・二つの考察対象となる年がC, Cを示すならば、中核
・二つの考察対象となる年がS, S, を示すならば、半周辺
・二つの考察対象となる年がP, Pを示すならば、周辺
・二つの考察対象となる年が、C, PC; PC, PC; S, PCのうち一つを示せば、中核の外縁部
・二つの考察対象となる年が、PP, PP; S, PP; P, PPのうち一つを示せば、周辺の外縁部

(三) 一つの年でしか分析が可能でない場合、国家はそこでの考察結果に応じて分類される。

これらの表にもとづいて、三つの圏の「有機的構成要素」を定義すれば、次のようになる。

(一) 中核圏の有機的構成要素——三つの表全てにおいて、左上のブロック(A, B, F, G)に現れる国

家。そのような国家は、オーストラリア、カナダ、デンマーク、ニュージーランド、ノルウェー、スウェーデン、スイス、イギリス、アメリカ合衆国、西ドイツの一〇ヶ国存在する。

(二) 半周辺圏の有機的構成要素――三つの表全てにおいて九つある中央のブロック (G, H, I, L, M, N, Q, R, S) のうちの一つに現れる国家。そのような国家は、アルゼンチン、チリ、(コスタリカ)、ギリシア、(香港)、ハンガリー、アイルランド、(イスラエル)、ジャマイカ、メキシコ、パナマ、(ポルトガル)、ルーマニア、南アフリカ、スペイン、トルコ、ウルグアイ、ソ連、ベネズエラ、ユーゴスラビアの二〇ヶ国存在する。

(三) 周辺圏の有機的構成要素――三つの表全てにおいて、右下の四つのブロック (S, T, X, Y) のうち一つに現れる国家。そのような国家には、(アフガニスタン)、(アンゴラ)、バングラデシュ、(ベニン)、ボリビア、ビルマ、(ブルンジ)、(カメルーン)、(中央アフリカ共和国)、(チャド)、中国、エジプト、エルサルバドル、(エチオピア)、(ギニア)、(ハイチ)、ホンデュラス、インド、インドネシア、ケニア、(リベリア)、(マダガスカル)、マラウィ、(マリ)、(モーリタニア)、(モザンビーク)、(ネパール)、(ニジェール)、(ナイジェリア)、パキスタン、(パプア・ニューギニア)、フィリピン、(ルワンダ)、(セネガル)、(ソマリア)、スリランカ、(スーダン)、(タンザニア)、タイ、(トーゴ)、(ウガンダ)、(オートヴォルタ)、ザンビア、ジンバブエの四四ヶ国が存在する。

これら三つの国家群が、一貫して同じ「国家バスケット」を構成し、それにもとづいて、**図5**及び**6**の指数が算定されている。**図5**では、各国家群の全体としてのGNPPC対数が、レンジ(各国家群に属する国家のGNPPC対数の中間値+/－標準偏差)とともに図示されている。一九五三―八三年の図は、上で列挙した全ての国家にかんするものであるが、一九三八—四八年の図は、Woytinsky & Woytinskyのデータでカバーされない括弧でくくった国家が除かれている。工業労働力の比率（図6のａ）は、一九三八—六〇年にかんしてBanks（n. d.）から、一九六〇—八〇年についてはWorld Bank（1984）からとっている。後者のデータは、上で挙げた国家の大部分を網羅するものであるが、Banksのデータは、中核国家及び半周辺国家の大部分を網羅しつつも周辺国家については僅かしか含んでいない。製造業がＧＤＰに占める比率は、World Bank（1984, 1978-85）のデータを使用しており、それは一〇ヶ国の中核国家のうち九ヶ国、二〇ヶ国の半周辺国家のうち一二ヶ国、四四ヶ国の周辺国家のうち三五ヶ国にかんする完全な時系列データを提供してくれている。

世帯構造のパターンと世界－経済*

ランドール・H・マクガイア
ジョーン・スミス
ウィリアム・G・マーチン

この一〇年以上、フェミニストは何を主張してきたのか。まず、家族生活を含む世帯とは、先史時代の遺物ではないということであり、また、それは、あらゆる本来の仕事が営まれる市場へ夫が立ち戻る前に、そうでもしなければ暇をもてあます妻や子供から支えを得る、感情的に癒されるような空間でもない、ということである。われわれはこの見方に異論はない。

いかに世界－経済（world-economy）の必要条件の一部として世帯が再構成されるかを探究するために、われわれは、世帯と近代世界におけるその地位にかんする文献研究を続けてきたし、また、過去二〇年、多くの場所で研究の新分野を開拓した。われわれは単純な考察から始めた。つまり、世界－経済におけるごく少数の賃金労働者だけが、生涯を通じて自活すると同時に、いったん体力が消耗しても労働力として回復するのに十分な報酬を賃金から得ることが期待できる。さらに、われわれは、このことが世界－経済の偶然的側面ではなく、むしろ体系的な側面であるという点にかんして、次のような仮説を立てたのだった。

賃労働者が、賃金以外の形で所得を稼ぎ、さらに重要なことには、自分以外の他人の労働報酬を得られるということを発見できるのではないか、したがって、消費のうち、完全に商品化された財やサービスからなっているのは、ほんの一部だけだ、ということが発見できるのではないかとわれわれは考えた。要するに、資本主義世界システムにおいて非賃金型の生計（sustenance）がかなりの程度残存し続けているのは、賃労働それ自体と結びついている一連の過程によって、それがたえず再生されているからである、と論じたのである。われわれは、非賃金労働が非資本主義的生活の残滓であるどころか、資本主義世界－経済の不可欠の一部だとみなしたのだった。

しかしながら、この整合性を欠いた一連の仮説にしたがって、われわれは世帯を理解できただろうか？答えは単純明快である。非賃金労働が労働者階級を維持し再生産するのに不可欠な要素であるということが事実であるとすれば、そうした他の労働形態に加えて、その成果を手にするのに必要な手段を確保する、一連の比較的永続する構造が存在しなければならない。そしてこれこそが、端的に言って世帯の定義に他ならないのである。われわれがいう世帯とは、歴史的に可変的だが比較的安定しており、主要な特質の一つとして、最大限多様な源泉から得た生計手段を共有している、一連の諸関係のことを意味している。世帯のこうした概念化にあたっては、すぐさま留意しておくべき三つのポイントがある。第一に、これらの関係は、生物学的に結びついた人々、つまり家族の間に存在するが、そうである必要は必ずしもなく、存在すらしないときもある（存在しないことが多いとすらいえる）し、存在するにしてもせいぜい部分的にであるすぎない。第二に、共通の住居は、かなりの程度世帯集団内で共有されている特徴となっているといってよいけれども、必ずしも世帯諸関係の必然的な側面ではない。最後に、そうした共有は世帯内部で平等とは限らない。したがって、われわれの関心は、メンバーの序列、力関係、そして世帯メンバー間の軋轢に向けられている。

要するに、われわれの研究グループは、実際に、賃労働システムの二側面の研究に取り組み始めているが、これが一般には看過されてきたと考えている。われわれが第一に関心を向けたのは、規則的に賃労働を維持し再生産するが、それ自体は賃労働ではない一連の諸実践である。第二に、われわれが探究しているのは、一貫して比較的永続した何らかの形で、賃労働ならびに非賃金労働の報酬をともに集積し、その結果、生涯を通じて人々が依存する資源のプールを形成する一連の諸関係である。われわれは、第一の諸実践のことを世帯と呼ぶが、それは、大変特殊な諸実践の組み合わせ、つまり、血縁集団、家族、そして他のそうした単位間に見いだしうる多くの諸実践の組み合わせの一つに目を向けているということを示すためである。その資源プールを保証する一連の諸関係は、旧来の定義によれば、ときとして家族であるとされてきた。だが、このことが成立するのは限られた場合にすぎない。そうした事実を強調するために、こうした諸関係は「世帯」からなる、と定義するわけである。このように定義されると、世帯とは、時代と場所が大きく異なれば多様になる規範や文化的慣習のなかに正当性の淵源をもつ、生産的で結合力のある単位である。こうした規範や慣習が組み合わさって、現在の世界－経済の中核地域ではたいへんおなじみの「家族」を形成することもあれば、まったく別の形態をとることもある。世帯が夫婦という単位を横断し、その単位に属するメンバーが、その支配から切り離されてしまうこともある。血縁関係者を取り込むこともあれば、血縁以外の成員資格を優先し生物学的な近さを無視してしまうこともある。われわれが注目しているのは、その単位に永続性（少なくともそういったみた目）を付与する、また、それが経済的難局と歴史的変動の潮流に対応し、しばしばそれに反抗していくさいの枠組みを形成する、一連の規範である。それでは、歴史的に変動する優先順位や規範となって、多様な源泉から引き出される資源のプールを創出し共有する過程を可能にするのは何だろうか。

明らかに、こうした規範の中には、連続性の幻想、少なくとも現実でないにせよ連続しているとの幻想を確実に生み出すものが存在していなければならない。人々は心の中で未来にたいする何らかの計算が可能でなければならない。加えて、歴史の後知恵をさらに推し進めるわけではないが、少なくともその成員の観点からみれば、自分たちが従事すると期待される生産形態と一致する単位において、その成員内の社会的な順位づけを成立させている何らかの方法が存在していなければならない。そして最後に、ほとんど言うまでもないことだが、何らかの最低水準の社会的規制が存在することによって、所得プールのおかげで現在の成員が利用可能になっているものが、それらの成員や後に参入する他の成員によって利用された後に回復される保障がなければならない。

たしかに、世帯単位には、不測の事態に対処する備えがなければならない。こうして、そのプールそれ自体の可変的な弾力性を考慮に入れられるように、成員資格のルールを調整する方法が存在している。成員であるかないかの境界が融通無碍であれば、個々のメンバーが、そうあってほしいと願う安定性と持続性にたいする潜在的な脅威となるのは、きわめて明白である。そのプールの規模が可変的であっても、それとともにその存在自体が世帯単位にたいするメンバーの長期的コミットメントを要求するならば、メンバー全員が、特定の時期に所得を拠出できない人々のために、通常の支出水準を抑制するにとどまらず、世帯単位の規模が期待総所得の予想規模と最低限一致するように、時間の経過とともに、成員資格の要件を自ら調整しなければならない。真の成員にふさわしい人は誰なのか、あるいは誰でないのかは、そのプール向けに生産しているのが誰であり誰でないのかに、直接対応するものではない。また、成員資格を一連の普遍的な「生物学的」関係に永遠に固定化されるとみなすためのルールは存在しないといってよい。

1　研究の特徴

われわれが研究してきた諸実践とは、一連の諸関係のなかで、多様な労働形態から資源を生み出し共有することに関連するもの、つまり、以下の一連の規範的な規定に依拠した諸実践である。期間、順位づけ、全体の善のために成員資格の犠牲を要求する社会的規制、そして「許容しうる」限界内での相対的弾力性などがそれである。

何らかの点で賃労働を支える多様な労働形態から引き出される資源が確実に共有できる、一連の諸関係とそれに付随する諸実践として、われわれは世帯概念を理解する。したがって、われわれが予想するところでは、総世帯プールのうち非賃金労働が構成する程度と世帯関係がとる実際の諸形態は、双方とも大幅に異なることになろう。しかも、世界－経済の拡張と収縮の諸循環にしたがって、世界－経済の多様な諸地帯をこえて、諸地帯内の諸階層をこえて、さらに時間の経過とともに、そうなるだろう。この仮説に必要なのは、少なくともコンドラチェフ波動の二循環をカバーするほど長期間にわたって、世界－経済のさまざまな地域に現存する世帯をわれわれの研究グループが検証するという作業である。そこでわれわれは、一八七三年から一九六七年までの時期にわたって、南アフリカとメキシコという、相対的に周辺部に属する二つの地域、ならびに、米国という中核地域に、研究の焦点をおくことにしよう。

メキシコと南アフリカは、米国と二つの共通点をもっている。第一に、労働力が国内で民族別に(ethnically) 階層化されている点、第二に、移民の大きな波を経験した歴史をもつ点である。南アフリカもメキシコもともに工業部門を有する一方で、メキシコは、経済活動が米国と密接に関連しているという点で、南アフリカとは異なっている。他方、南アフリカの場合、多くの州によって構成されていることから、われわれの研究グループは、さまざまな州レベルの政策が特定の経済地域内に及ぼす効果も検討の俎上にのせることができる。

われわれの前提は、世帯のパターンは労働活動のさまざまな組み合わせを反映するというところにあるから、われわれは、これら諸地域内のそれぞれの特定立地に焦点を当ててきた。南アフリカでは、ウイットウォータースラントの鉱工業地域ならびにその後背地を検討している。メキシコでは、多様な生産関係と歴史的過程を反映させるために、メキシコ・シティ、中央メキシコ、バヒオを選んだ。最後に、米国では、工業地域（デトロイト）、小さな製造業が集まる都市（ビンガムトン、ニューヨーク）、巨大な商業金融都市（ニューヨーク市）、域内の（internal）周辺部地域（プエルトリコ）を立地として選んだ。

各立地内で世帯の重大な変化を持続的に検証するためには、調査計画に長期の観察が必要である。経済の停滞と拡張という大きな変動期を把握するために、われわれの研究グループは、一八七三年から一九六七年を取り上げて、各年にいくつかの時期区分を行った。フェルナン・ブローデル・センターの調査と同様、多くの文献によると、長期の変動から世界－経済の経済活動に時期区分があることがわかった（Barr, 1979）。われわれが選んだ時期区分は、一八七三—一九二〇年と一九二〇—一九六七年という二つの長期循環を含み、その各時期には、さらに、Bあるいは収縮局面（一八七三—九六年と一九二〇—四五年）とAあるいは拡張局面（一八九六—一九二〇年と一九四五—六七年）を含んでいる。われわれの関心は、総所得パッケージと賃金に加えて、あらゆる所得形態の寄与比率を計測することである。われわれの研究グループは、次のような五つの源泉を確定してきた。

（1）（同様に部分的に現物払いのこともあるが）賃金の形での報酬を伴う賃労働／資本関係

（2）（しばしば生存維持活動［subsistence activity］と呼ばれる）消費財を獲得する市場関係外での労働
（3）市場におけるこれらの商品の小商品生産と販売
（4）地代収入を生む土地、家畜、設備（equipment）、資金利用にたいする契約関係
（5）労働や商品を直接互恵的に交換しない形で受けとられる、贈与、補助金、政府福祉、あるいはその他の所得を含む、移転支出

2　世界－経済における世帯と賃金の非均衡

われわれの立地特定的な研究にはまだ多分に進展する余地があるので、どの時期区分のどの立地にたいしても完全に当てはまる、一貫した一連の発見を示すことはできない。しかしながら、この比較的初歩的な研究段階においてもきわめて明白なことは、時期や世界－経済上の立地に関係なく、経済的拡張が生じるさいには、非賃金労働の形態をともなうと同時に、多少とも永続的といえる基盤をもつ労働報酬を労働者が確実にうけとれる社会構造をともなうものである、ということである。ひとたびこの過程が資本主義世界－経済の構成要素として認識されると、例外だと思われた数多くの事態が解決する。そこで、二つの原則といえるものが、われわれの研究上の焦点となってきたのである。

それは、第一に、われわれの予備的な発見ですら、世界－経済の高賃金－低賃金地帯を特徴づける巨大な不平等は、低賃金地域の生存維持活動によって、つまり、その大部分が異なるタイプの世帯によっ

て組織される活動によって、支えられていることが明らかになるということである。こうした世帯のうち主要なタイプが資本主義的な企業に労働の一部を提供するが、もはやその市場で吸収されなくなるときはいつでも、吸収されなくなった労働は世帯へと回帰する。一九世紀後半と二〇世紀最初の二〇年における世界－経済への南アフリカの編入過程で当初発展したパターンは、この過程を裏付けている。

まず、初期には、南アフリカにおける共同体的関係の一般的な再構築、つまり独立した生産単位としての世帯編成を生み出す再構築が生じた（Martin & Beittel, 1986）。首長を中心に組織され、血縁原理にもとづく共同体的集団は、徐々にではあるが着実に、生産と再生産労働の場所として、それゆえに互酬的な関係の中心としての地位を、新しいより狭義の単位に譲ることになったのである。それにもかかわらず、その生計（substance）は、その地域の社会的再構築の一部として再創出され、その管理者は、首長から若年男性や世帯主へと移行していった。

世界－経済のこの低賃金地帯内ですら、世帯のいかなる単一のタイプも出現しなかった。事実、この時期を通じて、三つのあい異なる世帯タイプが形成された。換金作物生産世帯、分益小作世帯、労働輸出世帯の三つである。内的な世帯関係、ならびに年齢と性による活動分布は、これら三タイプ間で異なっていた。なかでも、労働輸出世帯は、資本主義的企業に低賃金労働を供給する世帯の基礎過程を最も端的に示していた。周知のように、この労働輸出世帯は、主としてラントの金鉱に移民労働を供給した。そうした世帯が成長できるかどうか、また、この移民労働を継続的に供給できるかどうかは、土地入手にかかっていた。これは、農業生産と賃金水準の間に難しいバランスを維持せねばならない、ということを意味した。一方では、農村の生活支援水準は、換金作物生産世帯へ恒久的に専従し回帰する機会、あるいは生存維持的生産へ引き返す機会を提供するほど、大きなものではあり得なかった。他方では、農業生産の成果は、農村生活を完全に捨て去ることを防止するに足るものでなければならなかった。同様にして、賃金水準は、賃金労働にフルタイムで参加するのを促すほど高くはなかったが、かといって参加する気が失せるほど低くないよう設定された。

こうした圧力と反発のバランスをとる困難さは、初期からずっと自明のものであった。それは、ボーア戦争（一八九二―一九〇二年）後の展開から明らかだった。当時、劇的で一方的な賃下げを引き金にして、黒人労働がすぐさま不足した。そのため、賃下げと同時に、賃労働を生存維持的生産に必然的に伴うものとする条件を創出するために、国家と民間資本の側で活発な介入が必要とされたのである。土地入手の規制、租税徴収のいっそう効率的な強化、そして独占的な労働雇用組織の創出と拡張といった諸政策はどれも、労働輸出世帯の強化に役立った。南アフリカの大部分では、フルタイムの換金作物生産世帯は、こうした諸政策がとられた結果、消滅してしまったのである。

戦間期には、ラントの生産過程の構造に二つの大きな変化が生じた。（1）世界恐慌のために一九三〇―三二年の小休止はあったものの、一九二五年以降、工業化が進んだ、（2）一九三三年の金価格の再高騰後、二〇年間停滞していた金鉱生産が加速した。その結果、鉱業と工業の双方で労働需要が増大した。この時期の経済ナショナリズムの一部として、労働供給は、南アフリカ自体の領域内から国家政策によって確保されることが多くなった。これは南アフリカ内の世帯構造に甚大な影響を与えた（Martin, 1984b）。労働輸出世帯の社会構造は著しく浸食され、土地所有にたいする圧力は増大し、下落する農産物価格は農村での生存維持可能性を奪っていった。一九三〇年代までに、たとえば、かつての鉱山における労働不足状態は、労働過剰に転じたが、それは南ア内からの労働供給にほぼすべて依存した結果でもある。しかも、こうした事態は、この期間中、賃金率が絶対的に均一な水準を維持したにもかかわらず生じているのである。この移行の背後にあるダイナミクスは、保留地における食糧生産の急激な減少によって示されているが、そのために食糧生産は、その地域の食糧必要量の五〇%を大幅に下回る水準にしか達しなかったのである。

この過程が一九三〇年代と四〇年代の間に進展するにつれて、南アフリカ内に存在する移民世帯の農村出身の成員が、世帯消費ファンドに貢献することがまれになったために、低賃金労働者を支えた当の世帯構造を死滅に追い込んだのである。低賃金がきわめて重要な部門では——その代表例は金鉱山だが——外国生まれの黒人の雇用が増大した。というのも、南モザンビークやマラウィのような南アフリカ以外の土地でこそ、労働輸出世帯が持続することを許す条件が依然として残っていたからである。アパルトヘイトの秘密の一つは、実のところ、世帯の社会構造の変動と労働編成過程の持続によって生み出された関係に入り込むことであった。近隣諸国への国境管理を強め、それからさまざまな部門にたいする労働フローを分断する(それは一般に考えられているのとは異なり、都市と農村の労働をたんに区別するだけにとどまらなかったが)ことによって、鉱山所有者にたいする低賃金移民労働の優位を保持することが可能であることがわかったのである。

メキシコの世帯においては、生存維持労働が同様の役割を果たした。中央メキシコでは、二〇世紀への変わり目までに、大農園は次の四つの基本的な労働関係をさまざまに組み合わせて利用した。永住労働者、短期労働者、分益小作、借地人である。事実、一九一〇年の革命前夜には、永住労働者が中央メキシコの農村労働力のなかで実質的なエリートを形成していた。

ディアス大統領期（一八七六―一九一〇年）に、アシエンダ（大土地所有制 haciendados）は、一般的にインディオ農民の農地（campesino's village lands）を犠牲にして土地を集中、拡大した。一八八五―一九一〇年にかけて、この大農園の拡張によって、農村労働が再組織されたが、アシエンダのための労働を再生産し維持する村では、経済的に「独立した」世帯が創出された。村の土地から収奪された、そうしたインディオ農民に何が生じたのだろうか。第一に、たいていの場合、小菜園を保持しながら、かれらは自分の村で生活し続け、恒常的なアシエンダ労働者にはならなかった。多くの者は移民、短期労働者にはなったが、大部分の人々は条件が悪化し続ける中でも分益小作や小作関係にとどまった。分益小作や小作は限界的な分益小作地を耕していたために、けっして債務を回避できなかったが、アシエンダは、取り分(share）や地代（rent）の形で自分たちの余剰生産を専有した。アシエンダは、農村プロレタリアートを創出しようとするのではなく、むしろ、以前の生存維持的労働を専有し、季節労働力の相対的自立を弱体化させようとしたのである（Katz, 1974)。

中央メキシコ北西部のバヒオには、伝統的村落はほとんどなかった。ここでは、大土地農園（great landed estate）に加えて、中小規模の小作地つまりランチョ（ranchos）が存在した。伝統的な村落の存在が比較的まれだったので、分益小作農と借地農は、何人かの自給自足志向をもった小土地所有者と恒常的労働者とともに、農村労働力の大部分を構成した。ほんのわずかの分益小作農と借地農だけが市場向け生産を行い、その大多数は、アシエンダとランチョのために生存維持的生産と短期賃労働に加わったが、そのさいランチョの所有者は、取り分か地代の形で農業余剰を専有したのである。一八八〇年以降、拡大を続けるアシエンダは、ランチョにたいする浸食をいっそう押し進め、分益小作と借地の条件は悪化した。

かくして、一八八五から九〇年にかけて、中央メキシコのいたるところで、ますます条件が悪化するなか、インディオ農民は、自給自足用地を入手するためにアシエンダにたいする依存を深めていた。アシエンダは、給付を進めることによって、負債を増大させたが、それは収穫期の利子で支払いうるものであった。アシエンダは、自給自足分野にたいしてインディオ農民が参入する条件として、労働地代と季節賃労働をさらに要求した。インディオ農民は、自給自足生産の減少による生活水準の低下に苦しんでいたが、そのさい市場所得あるいは賃金所得がそれに対応して上昇することはなかった。この時期になってはじめて、農村世帯を支えるように用いられるアシエンダでの季節労働よりも、むしろアシエンダ労働者を支えるために、農村世帯は再構成されたのである。

続く時期においては、一九二〇年代後半から四〇年代にかけて実行された国家主導型の土地改革のもとで、このパターンは根本的な変化を被ることになった。こうした改革の結果、いわゆるエヒード（入会地 ejidos）の分割によって、アシエンダの土地はかなりの減少をみることになり、用益権が個別世帯に認められた。しかしながら、これは農村での自給自足への回帰ではなかった。むしろエヒードは、資本主義的企業の一変種だった（Singleman, 1978）。

とりわけ土地を入手した人とそうでない人という観点からみれば、小作農間でこの改革のパターンはかなりの相違を生み出した。エヒードは、農村生産コストを引き下げておくために無報酬の家事労働を利用した。それらは参加している世帯を完全に支援できるほどの所得を与えなかった（また現在でも与えていない）。アシエンダには日雇いの債務労働が存在せず、エヒードの土地も十分に存在したわけではなかったために、小作農は「自由な」賃労働市場へ強制的に編入された。当初は、農村での賃金の問題が重要だった。国家が最低賃金を定め、農業労働の実質賃金は一九二〇年代後半から一九三〇年代半ばにかけて実質的に増大した。

現在の新しいエヒード・システムによって、アシエンダ労働を支える一連の関係から賃金によって補助される経済的に自給自足できるグループへと世帯は移行した。世帯は相対的に小さい（四―五人）ままだった。土地所有が制限的にではあるが拡張したことによって、世帯はそれらが生み出す労働のすべてを吸収した（Arizpe, 1982; Young, 1978）。息子たちは農場で働くために世帯内にとどまったし、娘たちは手工芸品生産、家庭内の雑用、同じ氏族の面倒をみる母親の手助けをした。娘たちの支援のおかげで、女性は手工芸品の生産に従事できた。それは、夫や年長の息子たちによる自給自足的作物、商業作物、時折の賃労働と結びつき、ひとまとまりの総所得を供給した。この世帯化のパターンは、世帯の土地の拡張と世帯生産商品の販売が可能なかぎり、依然として成長可能であった。しかしながら、この相対的繁栄の期間は、はかなくすぎさってしまった。一九四〇年代には、賃金の絶対的な低下がみられた。それにもかかわらず（事実、たいていの場合はそのために）メキシコの農民世帯は消滅しなかったものの、その大部分は、エヒードの農村世帯の維持に依存した都市部門に必然的な付属物として、変化を被ったのであった（Stavenhagen, 1978）。

成長可能な世帯の生産基盤が破壊されたために、初期の世帯化パターンの変化が必要となった。農村部門が外部所得を必要とするということは、つねにというわけではないが、多くの場合、エヒードから離れて米国で就業する人々をこれらの世帯が包含する、ということを意味した。平均的世帯規模が六から七名に増え、小規模の土地しか保有しない世帯は、核家族の外部から人員を取り込み、大きな所得プール集団を形成しようと試みたのである（Arizpe, 1982）。エヒードの土地は、世帯にとって物的な中心点となったが、確実な所得の基礎とはならなかった。所得プールの主要な基盤を確保できるかどうかは、世帯に所得を送金する非居住者の世帯メンバーをもてるかどうかにかかっていた。

一見、米国は、労働編成上メキシコとはまったく逆の事例を提供するように見える。長きにわたって当然視されてきたのは、生産拡張と労働過程の再編とひきかえに、フォーディズムの母国米国の工業労働者は、いわゆる家族賃金、つまり、一日単位でみても世代単位でみても、総家族コストをまかなうるだけの賃金を受けとってきた、ということである。しかしながら、われわれの最初の発見からはっきりとわかるとおり、そうした家族賃金は、わずかな期間しか存在しなかったし、その場合ですら、全賃労働者のほんの一部しかその恩恵にあずかってはいなかった。考察の期間中ずっと、ニューヨーク、ビンガムトン、そしてデトロイトのかなりの労働力を構成していたのは、労働者階級の家族にとって最低水準として定義される額をはるかに下回る個人別賃金しか受け取っていない人々であった。周辺部におけるのと同様に、個人別賃金にのみ依拠していては、これらの世帯を維持することも再生産することもできなかった。しかしながら、われわれの発見によると、個人別賃金の水準と、実際の一日あたりコスト及び世代間コストの間の実質的な格差は、周辺部とははっきりと異なる中核部の戦略によって、保持されていた。

考察対象の期間中ずっと、ニューヨークとデトロイトの双方で、そして初期のビンガムトンにおいても、各都市の労働力の大部分は、これらの各都市の外部から動員されていた。移民は、雇用主にとってそれほど高くつかない一群の労働、つまり贈り物（gift）として理解されていた。どこか別のところで生まれ、教育を受け、育った人々は、この養育費をニューヨーク、ビンガムトン、そしてデトロイトの企業にたいする直接の補助金として支払ったようなものである。初期（一八九〇―一九二〇年代）の間、各都市の労働人口のおよそ二五―四〇％が移民であったし、かれらは米国生まれの白人労働者の賃金の平均二五％しか受けとっていなかった（Levine, 1973; McGuire & Osterud, 1980）。三都市すべてにおいて、こうした賃金水準は生存維持と再生産費用をまかなうには明らかに不十分であった。しかし、少なくとも初期のうちは、移民労働者のほんのわずかな人々しかその地域で一生涯とどまることを期待していなかった。大多数は、生まれ故郷に帰国することを心底期待していたのである。

さまざまな理由からかれらの期待した帰国は阻まれたが、そういうわけで初期の移民グループは、個人別賃金とニーズの間の差を埋め合わせるために、労働供給源として機能する世帯を地域的レベルですぐさま形成した。たしかに、このパターンはかなり期待がもてるものであった。それによって、多様なグループ間の世帯パターンの明らかな相違が説明できるであろう。ニューヨーク市では、カリブ海諸国からの労働者、ビンガムトンではペンシルヴァニアからの労働者、そしてデトロイトではアパラチア地方からの労働者が、規則的に職場と生まれ故郷の間を往来した。これらの労働者は、雇用地で地域的な共同体的生活様式（living arrangements）を形成したけれども、こうした地域的な生活様式は、生まれ故郷の人々を含む、単一の世帯の一部であった。デトロイトでの黒人労働者は例外であった。南部へのかれらの帰還は、その地域での人種差別によって阻まれたが、北部でも人種差別があったためにかれらは他の民族集団を特徴づける世帯形成のやり方（householding practices）を採用することができなかったのだ。考察対象の期間中ずっと、黒人世帯は、少なくともデトロイトにおいては白人世帯よりもいくぶん規模が大きかったが、二グループの本当の違いは、世帯単位の構成に見いだされるべきである。黒人世帯を構成していたのは、血縁関係のない成人であることがはるかに多かったし、子供が含まれることはほとんどなかった。

初期には移民世帯は三つの主要なメカニズムによって維持されていた。第一に、一人以上の労働者から生み出される賃金が、世帯所得プールのますます重要な構成要素になっていった。第二に、これらの賃金は、生存維持活動とともに、多様な小商品生産活動によって補填されていた。第三に、地域的移民組織は、初期の移民世帯の貯蓄がより新参の移民に利用されるように設けられたが、これは移転支払いの一形態であった。今世紀初頭の三都市すべてにおけるすべての場合において、たとえ移民が賃労働の実質的な部分を占めていたとしても、移民世帯のメンバーは、私的な移転支払いを受け入れつつ、なお街頭での行商に従事し、下宿人を受け入れ、家畜を飼育し、裏庭での庭園栽培を行っていた。それは同時代人が生活最低水準とみなしていた額の二〇―五〇％に上っており、残りが賃金所得から得られたのである。

さまざまな理由、主として国家規制と不動産開発の新しいパターンのために、多くの非賃金労働のやり方は結局のところ放棄されて、単一の賃金を補填する新たなやり方に向かわねばならなかった。しかしながら、世界－経済の周辺部で見いだされたパターンとはきわめて対照的に、これらの所得の新たな源泉は、以前は賃金を稼得していなかった世帯のメンバーに追加的な賃労働を見出し、そうした人々を包含していく傾向にあった。一九五〇年代には、デトロイトとビンガムトンの賃労働者のうち、一日あたりコストそして世代間コストにみあうだけの賃金を稼いでいた人々は、ほんのわずかであった。独身の（男性）賃金と世帯のニーズの格差は、女性、たいていは妻の労働が増えたことと、国家からの移転支出とでまかなわれた。世帯の総所得プールにたいして小商品生産は依然として一定の役割を果たしていたが、その役割は周辺部と比べればはるかに小さなものだった。

世界－経済の両地域を特徴づけるのが、生存維持と再生産のニーズを満たすにおよばない賃金であるならば、そしてまた、両地域で世帯を形成する目的が資源をプールすることにあるとすれば、なぜ特定の地域の賃金がその他の地域をはるかに下回るのだろうか。言い換えれば、周辺部での低賃金を維持する中核と周辺部の格差とは、何なのだろうか。研究はなお進展中であるが、われわれの発見から今までのところでは以下のような暫定的な結論が導き出せる。賃労働が相対的に希少な周辺部の労働者階級世帯は、せいぜい一人か二人の成員しか、しかも散発的にしか、労働者にすることができないものと考えられる。世帯ニーズのかなりの部分はインフォーマルな市場活動と生存維持的生産によって満たされなければならない。賃労働にたいしてそうした部分が依然として残存しているために、潜在的な労働供給は需要をはるかに上回り、かくして、賃金は、こうした部分がなければ受け取るはずの生存維持と再生産費用に見合う額よりも、はるかに低水準に抑えられてしまう。周辺部での労働市場は、周辺部の生産過程の産出物にたいする商品市場と同様、きわめて競争的である。非賃金労働活動がその相違を作り出し、そのようにして世帯成員の賃金労働を補塡するのである。これが、周辺部において獲得される、いわゆる超過利潤の基礎である。そうなるのは、事実上、世帯成員の非賃金労働活動が、世帯の賃労働者（たち）の雇用者にたいして、世帯の非賃金労働活動において獲得された超過利潤を間接的に移転することになるからである。

これとは対照的に、個人別賃金では世界－経済の中核地域においてニーズを満たせない場合、小商品生産や生存維持的活動によってではなく、賃金が付与される活動に労働を追加することによって、世帯は所得を増加させる。労働予備軍を減少させることによって、この世帯労働のプロレタリア化の増大は、どの時点においても個人別賃金の水準を上昇させると同様、労働の価格を持続的に上昇させるという矛盾した傾向をもつ。そして、このパターンこそが、長きにわたって経済学者を悩ませてきた現象の原因なのである。横断面《クロスセクション》分析によると、夫の所得と妻の就業との間の逆相関関係が存在するが、他方で、時系列《タイムシリーズ》分析によると、まったく逆の関係が明らかとなる（Amsden, 1980）。男性の賃金が生計費をまかないきれない場合、労働市場に妻たちが参入する傾向にあるけれども、いったん彼女たちが労働市場に入ると、全体的な賃金水準は彼女たちを労働市場にとどめる水準に上昇するので、以前であれば従事したであろう生存維持的活動が賃金の補完物として存続することは不可能になるのである。

米国、とりわけわれわれが考察している都市部では、どんな場合でも、受け入れ可能な利潤率と両立する労働供給水準を確保できるかが、世界－経済における周辺部よりもはるかに問題となってきた。需要にたいする超過供給がない場合、非伝統的な集団は地域的労働市場のなかに押し込められてきた。まさにこうした理由から、生存維持的活動や小商品生産よりもむしろ賃労働が、十分な世帯プールを創出するさいにより重要な役割を果たしてきたのである。しかしながら、いったん非伝統的な集団が、別の状況下であれば賃労働以外の活動に従事することを選択したであろう労働力集団を形成するようになると、かれらの存在が賃金水準を長期的に上昇させる効果をもつ。かくして、中核地域でも、明らかに、労働力を維持し再生産するためには単一の賃金以外の所得に依存しなければならないが、それは、他の労働者の副次的な賃金によって単一の賃金を上昇させる過程となってきたし、長期的に周辺部労働者にみられる水準をはるかに上回るほど労働価格を上昇させるという結果をもたらしてきたのである。要するに、プーリングの諸実践とそうした実践を保証する世帯関係は、世界－経済のいずれの地域でも等しく賃金を上昇させるのに必要なもののように思われる。しかし、世帯編成がはっきり異なっているのと同様に、プールされるものにも違いがあるという理由で、両者の賃金格差がたいていの場合発生してしまうのである。

3　世帯と部分的商品化

世帯労働が世界－経済のなかで果たす役割を概念化しなおすなかで明らかとなる第二の例外とは、日々の生活と世代間の再生産にとって必要な財とサービスの部分的な商品化にかかわるものである。消費が、長期的にみればますます資本主義的企業家によって支配される市場においてのみ入手可能な品目によって行われることには、ほとんど疑問の余地はない。だが、驚くべきは、依然として消費のかなりの部分が商品化されないか、あるいはほんの一部だけが商品化された消費品目に依存する、という事態が持続するということである。われわれは、これが世界－経済の偶然の産物ではなく構造的な側面であると考えるが、それが妥当なものとなるためには、労働のある部分が、何らかの点で賃労働の網をかいくぐり、この商品化されていない消費水準を維持するのに必要な生産サービス類を実行するよう「自由に」放任されていなければならない。

この構図のなかに世帯は適合するだろうか。現在の消費が、ある程度――そして程度の格差こそきわめて重要なのであるが――部分的な商品化をつうじて行われること考慮すると、多様な商品を結合させて、生涯をつうじて人々を支えるに十分な完全な「市場バスケット」を形成する役割を果たす一連の諸実践や関係が存在していなければならない。こうした一連の諸実践や関係こそが、端的に言って、われわれの研究グループが世帯形成（householding）や世帯として定義するものである。要するに、われわれのみるところでは、労働者階級が商品化された財やサービスにのみ依存して自らを維持するのは実質的に不可能なのである。自己を維持し再生産するために、賃金労働力の成員は、直接的な用途に振り向けられる財やサービスか、インフォーマル・エコノミーと呼ばれるようになったもののなかで生産される財やサービスのどちらかを入手する手段を確保しなければならないのだ。

一九二〇年と四五年の間に、メキシコの都市中心部に住む工業労働者の所得危機に対処するために、最低賃金が設定され、労働にたいする公的な権利が認められるようになった。その時期に産業別労働組合が生まれたのも驚くに値しない。当初は数の上では少なかったが、メキシコ・シティの主要工業部門にこうした労働組合は集中し、それが急速な経済成長に貢献した。しかしながら、こうした状況が強化されると、そこから多くの伝統的な職業における熟練工や女性はともに排除されるようになり、それはまた、経済がいわゆるフォーマル・セクターとインフォーマル・セクターに分断化される基盤ともなった。

メキシコの都市工業部門の近代化が進んだにもかかわらず、そして実のところはそのせいで、非賃金労働はこの時期に増大したように思われる。「近代的」セクターから排除され、伝統的活動の追求に引き返すこともできないまま、いわゆる都市小農（urban peasants）は、フォーマルな市場の存在を用いてインフォーマルな労働活動に従事した。そのための原料は、資本主義市場で確保された。完全にプロレタリア化された賃金労働者の活動とは異なり、こうした活動は、伝統的な自律した生産にも、工業生産にも直接結びついていなかった。こうした活動に従事した女性と子供によってえられたわずかな所得にもかかわらず（実のところはこうしたわずかな所得のせいで）、こうした活動は、都市世帯の所得パッケージの一部を形成したが、それがなければ、かれらが生き延びられるかどうかは疑問視され続けるだろう。

この期間、メキシコの都市世帯は、できるかぎり多くの個人を組み込もうとしたので、平均的規模は着実に増大した。その世帯に新たなメンバーが加わる一方で、そのメンバーはこの世帯の構成員となることによって世帯所得プールに貢献する義務を負い、メンバーのうちの少なくとも一人は「近代的」セクターで賃労働につく可能性が高まった（Shelby, et al. 1981; Lomnitz, 1977）。同時に、売ることを目的とした消費品目を生産するか、あるいは、フォーマル・エコノミー部門で生産されるものの販路開拓、修理、装飾、そして保管といった活動に従事するかのいずれかを行うのに十分な労働を、「インフォーマル」セクターに供給することになるだろう。

南アフリカでも、同様のパターンの進化が見られたが、いくつかの重要な相違があった。第一次大戦後に地域労働力の構造に変化が生じた結果、農村を基盤とする世帯とはまったく異なる世帯構造、つまり移民世帯構造をもった都市永住黒人プロレタリアートが創出された。農村での生産の激減と、その結果増大する労働供給を所与とすると、都市労働市場はきわめて競争的であった。実際、都市地域で急増した永住住民からなる世帯にとって、これはたいへん困難な時代が到来したことを意味した。賃金率としてははるかに高い現金収入が必要であったにもかかわらず、田舎と都市を往来する男性移民供給が増大したために、かれらの再生産条件は低水準に（だが工業よりは高く）維持され続けたのである。世界の別の場所と同様、都市住民は、成人男性の賃金水準では世帯の再生産費用を維持できなかった。そのため、都市住民は、今や衆目の知るところとなっている多様なインフォーマル・セクターの非賃金活動によって補完される、複数の賃金所得に依存せざるをえなかったのである。多くのそうした活動が存在した。最も有名なものとしては、世帯の女性メンバーによるビール醸造、町家の間貸し、クリーニング屋や交通サービス、そして小口の商い（petty marketing activities）などがある。

かくして、小商品生産やインフォーマル・セクター労働は、世界－経済の周辺地帯における世帯の労働活動のうち、かなりの部分を構成するように思われるし、その結果、こうした世帯が消費するものは、資本主義市場において直接に生産されたのではない財やサービスで大部分が構成されていた。

小商品生産やインフォーマル部門労働のパターンは、われわれの研究グループが研究対象とする中核地域では、世帯間にかなりの違いが見られた。しかしその相違は、当初想定されていたものではなかった。この時期をつうじて研究された世帯は、インフォーマル・セクターの労働活動や生存維持労働のいくつかの形態を減少させてきた。かれらが放棄しなかったのは、せいぜいのところ部分的にしか商品化されていない財やサービスの消費だけである。さらに、経済停滞の期間中、労働者階級の世帯は、部分的にしか商品化されていない財やサービスが全消費に占める比重を増大させざるをえなかった。たとえば、一八九〇年代に、ニューヨーク市は、多くの空き地で耕作するための道具と種子を失業労働者に配布した（Speirs et al., 1898）。一九三〇年代には、多少似かよった形のやり方で、連邦政府が、主婦に自家製の果物や野菜を保存加工する方法を教えるプログラムを始めた（Cummings, 1940）。どちらの場合にも、国家機関は、少しも商品化されていない消費形態や、その直前期に、多くの場合、工業化によって商品化が進み消滅してしまった消費形態を積極的に救済したのである。

デトロイトとビンガムトンの双方で、少なくとも（そして必然的に）部分的に世帯によって生産された財やサービスが平均世帯消費に占める比重は、ほんのわずかながらその期間をつうじて減少してきた。そして、世帯の賃金所得の上昇によって、家事に費やされる世帯の時間が大幅に増大したという証拠はほとんどないように思われる。事実はまったく逆である。所得水準の向上が夫の賃金上昇の結果である場合、家事に費やされる時間は増加したのである。所得増加が妻の賃金の関数である場合、家事に費やされる時間はいくぶん減少したが、賃労働に費やされる時間の増加を埋め合わせるにはなお十分ではなかった（Vanek, 1974）。要するに、労働者階級に設定される消費水準は、一定量の「家事」を想定しているが、それはまさに商品化が部分的であるという理由で賃労働の代替物とはなりえなかったのである。育児、食事の準備、消費、貯蔵、洗濯、そして掃除は、大部分、世帯成員の私的な労働であり、工業賃労働者の生産物となり続けることはなかった。

この部分的な商品化に適応するために、労働者階級世帯は、自分たちの欲求にはまったく依存しない反面、所得にも比較的左右されないものとなったが、フォーマルな市場で入手可能な半加工製品を手に入れ、最終消費向けにその生産を「完成」させるのに十分な「自由」時間を利用できるように編成されなければならない。研究計画の時期をつうじた世界－経済の考察対象となっている中核都市と周辺地帯では、当初、小商品生産、世帯に基礎をおいた生存維持活動、ならびにこうした非賃金活動の生産物は、賃労働によって補完されていた。しかしながら、時間の経過とともに中核地域においては、生存維持活動とその完成製品は、フォーマルな労働市場への参入に必然的に伴うものとなった。一方、考察対象の周辺部では、商品化された財やサービスは、非商品化された形態での代替物を見いだしうるが、たいていの場合、そうした代替物が活用されるのは、賃金水準次第であった。われわれの当初の発見によれば、世帯所得プールにたいする賃金の貢献が小さくなればなるほど、商品化されていない財やサービスの消費が大きくなると同時に、生存維持ならびに小商品生産からの貢献が増える。要するに、周辺部においては、一方が他方の代替物たりうるのである。われわれの研究対象である中核都市では、二組の活動と商品の代替性は、実質的に消滅してしまった。非商品化された消費品目とそれらを生産するのに必要な労働は、現在、その代替物というより、むしろ商品化された財やサービスの範囲が拡大した必然的な結果である。

部分的な商品化の二形態――インフォーマルな労働活動による現金稼得のために利用可能な財やサービスの消費によって表されるものと、世帯を基礎にした生存維持活動によって利用可能になる品目の消費によって表されるもの――は、世界－経済を構成する各地域の間における相違に強く関連しているように思われる。ある程度確実に定式化できるのは、通常は資本主義的蓄積に関連した双子の過程が、基本的に世帯運営の仕方（household practices）と世帯関係に結びつき、その一部をなしているということである。どちらの場合も、まさしくそうした構造こそが賃労働が報酬の主たる源泉となり、またそのような形で「生活賃金」がどの程度支払われるかを形成し定義する世帯として、たえず再構成されているのである。くわえて、完全に商品化された財やサービスが消費のわずかな部分しか占めない場合、そうした一連の関係こそが、人々が当てにしなければならない世帯を構成するのである。このようにして、端的に言って、賃労働と商品化過程が部分的であるということが、まさしく現代世界－経済の特徴なのである。その意味で、世帯は、資本の諸力の外側にあるのではなくて、その過程の構成要素の一つである。それは、世界的規模での蓄積を構成する牽引力（pulling and tugging）の一部としてたえず再定義され、再形成されているのである。

（原田太津男訳）

＊　本稿は、世帯、労働力編成、ならびに世界経済にかんする研究ワーキング・グループの成果を要約したものである。一九八五―八六年にこのグループのメンバーを務めたのは、Joan Smith と Immanuel Wallerstein をコーディネーターとして、Maria del Carmen Baerga, Mark Beittel, Kathie Friedman Kasaba, William G. Martin, Randall H. McGuire, Kathleen Stanley, Lanny Thompson, Cynthia Woodsong である。このグループは、人文科学国民基金の助成金 R0206478４ を受けている。

歴史的視点からみた労働運動のグローバル・パターン*

世界労働にかんする研究ワーキンググループ

1　問題の重要性と研究史

資本と労働の関係に変遷があるということは、近代世界における社会的変化の研究にとって重要な一テーマをなす。だが今日、史的社会科学における本質的に新しい研究の成果として、労働階級や労働運動の行動にかんする二つの古典的モデルないし古典的理論が疑問に付されている。すなわち一方で、先進工業世界における労働者運動の軌道が予想から大きくはずれるにつれて、マルクス主義のパラダイムは、過去五〇年のきわめて活力にみちた発展を十分に説明できなくなった。他方で、いわゆるウィスコンシン・モデルないしコモンズ＝パールマン・モデル〔ウィスコンシン大学を中心とする制度派労働経済学で、とくに一九六〇年代に注目をあびた〕は、その経済中心主義という狭さのゆえに、労働階級の文化や行動の広範な多様性や多面的な広がり――これはいわゆる「新しい労働」史家（"new labor" historians）によって明らかにされた――を包括できていないようだ。

主要な問題は、それぞれの伝統が注目する分析単位に由来している。両理論ともに労働運動の普遍的趨勢を説明するのだと主張しているにもかかわらず、研究者たちはすぐれて、国民的ないし地方的な労働運動――通例これは相対的に短期でグローバル空間中の狭隘な面積しかカバーしていない――の歴史に立脚して、こうした趨勢を立証したり無効化したりしようとしてきた。一連の研究によって、無数の地方的情景にかんする詳細がたくさん提示されてきた。マサチューセッツ州リン、ニューヨーク州トロイ、イギリス・シェフィールド、フランス・カルモーなどの例が浮かぶ（Dawley, 1976; Faler, 1981; Pollard,

1959; Scott, 1974)。だが、こうした詳細な研究をもっと大きなタペストリーに織り上げていくに必要な用具は、依然として欠如している。

これとは別の一連の刺激的な研究によって、いくつか選び出された国民的状態の比較分析が提示された。しかしながら、これもまた世界レベルの含意がないままに終わった。ウォルター・ケンドール(Kendall, 1975)は近代ヨーロッパの労働運動および社会主義運動の包括的な歴史を書いたが、その叙述や分析を各国ごとに分割してしまった。ディック・ギアリー(Geary, 1981)は、同じ主題についてもっと簡潔で分析的な歴史を書いたが、かれもまた国境を越えることはめったになかった。また、ウォルター・ゲーレンソン(Galenson, 1952)、アドルフ・スタームサル(Sturmthal, 1953,1972)といった名前と結びついた、同じ傾向のもっと古い研究も無視してはいけない。ごく最近、ダグラス・ヒッブス(Hibbs, 1976a)、ウォルター・コルピ(Korpi, 1979)、それにマイケル・シャレフ(Shalev, 1978b)は、ストライキの趨勢を統計的に分析して、二〇世紀の先進資本主義諸国における(政治的ならびに経済的な)労働者運動の中心的な傾向を説明しようと試みた。シャルル・ティリとエドワード・ショーター(Tilly and Shorter, 1974)は、フランスにおけるストライキに焦点をいっそうしぼった考察において、フランスにおける労働者運動の盛衰およびその地盤と目標の変化を説明するモデルを考案しただけでなく、総括的な最終章で、フランスの経験を他の発展した国民とあざやかに比較し、類似点と相違点を説明した。最後に、デイヴィッド・ゴードン、マイケル・ライク、リチャード・エドワーズは最近の『分断された労働　分割された労働者』(邦訳名『アメリカ資本主義と労働』)という書物(Gordon, Reich and Edwards, 1982)で、アメリカの資本主義的発展にかんする一般理論をつくりあげ、アメリカ労働者の歴史の基礎に横たわるロジックを明るみに出そうとした。

労働運動を世界レベルで分析する必要は、世界中で労働の戦闘性が激高するパターンを検討するとき、いよいよもって明らかとなる。これまでのわれわれの予備的な研究が示しているように、二〇世紀の経過のなかで尖鋭な労資コンフリクトの波は、第一次世界大戦末期、第二次世界大戦末期、一九六〇年代後半／七〇年代前半期に、広範な諸国にわたって同時的に突発した。これらの時期、労働の戦闘性の波は先進工業国民においてだけでなく、中低級レベルの工業化によって特徴づけられる諸地帯（areas）でも発生した。

労働の戦闘性がこのように世界大で周期的に爆発するということから示唆されるのは、ある共通の社会諸過程があって、それがさまざまな国民的現場における労働運動をつなぎ合わせているのだということである。とはいっても、グローバル・レベルの社会諸過程が労資コンフリクトとがっちり結び合わされているということはめったにない。この点はたしかに文献的に十分でない。というのは、われわれの予備的研究が示唆しているように、労働運動の世界大の諸パターンが実際に同定されうるとすれば、そうしたパターン分けの説明もまた世界レベルの諸過程のうちに探られねばならないからである。マイケル・ライク（Reich, 1984）が述べているように、「労働および労働闘争の歴史が理解できるのは、それがマクロ・ダイナミックな発展――たんに個々のコミュニティや作業場のレベルでなく、全体としての社会的政治的秩序のうちにあるもの――と結び合わされる場合のみである」。

何が何でも世界の労働運動の研究が各国の労働運動の分析にとって代わるべきだなどと主張しているのではけっしてない（ちょうど、各国の労働運動の研究が地方の運動の研究にとって代わるべきだとは、誰も言わないのと同じである)。まったく逆である。われわれが示唆しているのは、世界レベルの労資コンフリクトの軌跡は国民および地方レベルでの労働運動の研究を再解釈する手助けとなるということだ。グローバルな蓄積および闘争のプロセスがあらゆる現場でのコンフリクトのパターンを形づくる(めったに同質のやり方ではないが)とするならば、これらコンフリクトに関係するものとして、世界レベルの分析から得られる洞察が用いられてもよい。

フェルナン・ブローデル・センターの「世界労働にかんする研究ワーキンググループ」は一九八〇年に設置され、以来、長期の二〇世紀(一八七〇年から現在まで)にわたる労働運動の闘争規模や闘争形態にかんして、その世界大のパターン分けを発見し説明することに積極的に取り組んできた。今日までわれわれの仕事は、二つの主要な方向にそって進められてきた。第一に、近代世界経済のあらゆる圏域(zones)に属する諸国を含む広範なサンプル諸国を取りあげ、そこにおけるストライキ行動や組合員数の統計を収集することによって、われわれは労働運動のグローバルな広がりについて予備的な像を展開してきた。第二に、われわれのグループのメンバーは、広範な諸国にわたって労働運動の国民ごとのケーススタディを徹底的に分析してきたのであり、それら諸国のうちには、アメリカ、カナダ、イギリス、フランス、イタリア、ドイツ、スイス、スウェーデン、ポーランド、イスラエル、中国、ソ連、日本、チリ、ブラジル、アルゼンチン、メキシコ、インド、および南アフリカが含まれる[1]。

こうした二つの研究方向に立脚して、われわれは、一九世紀後半以来の世界的規模での労働運動について、そのパターンと軌跡にかんするいくつかの仮説を展開してきた。それらの仮説は、以下の第2節にまとめられている。これらの仮説を実証したり無効化したりする意図のもと、われわれはまたある研究プロジェクトを展開してきた。この研究プロジェクトの詳細は第4節で説明される。

2 作業仮説

これまでのわれわれの研究成果として、われわれは「世界労働運動」にかんして、一つの主要仮説と、関連する二つの小仮説を展開してきた[2]。われわれが提起した研究プロジェクトの目標は、これらの仮説が歴史分析をとおしてどの程度実証されうるか、またそれらが今世紀における労資間関係の変遷について新しい光を投げかけるのにどの程度有用でありうるかを検討することにある。

われわれの仮説は、従来のわれわれの研究における二組の予備的ないし試験的な発見にもとづいている。第一にわれわれは、近代的工業の時代（一八七〇年から現在まで）の経過のなかで、労働の戦闘性をめぐるはっきりとした波が世界レベルで確認しうることを見いだした。これらの波のピークは、第一次世界大戦末期、第二次世界大戦末期、一九六〇年代後半／七〇年代前半に見られるはずだ。こうした高度のコンフリクトは広範に拡大した。たんに先進工業諸国にとどまらず、中低級レベルの工業化によって特徴づけられる諸地帯でも噴出したのである。

第二にわれわれは、こうしたコンフリクトの波と重なって、労働運動の形態変化にかんする世界大のパターンもまた存在すると確信する。この変化パターンにともなって、二つの質的に異なる労働運動の形態が相ついで興隆し拡散していく。そして各々の運動の形態は、組織タイプ、明確な目標、闘争方式を異にしている（Arrighi, 1983 参照）。労働運動のこれら二つの形態を区別するために、われわれは「社会的」と「政治的」の用語をつかう。

周知のとおり、労働運動のこれら二つの基本タイプ——政治的労働運動と経済的ないし社会的労働運動——は、さまざまな時代、さまざまな場所で存在してきた。ほとんどすべての労働運動のうちには、さまざまな割合において政治的形態と経済的形態の組合せが含まれているということを、われわれは知っている。以下でしばしばみるように、われわれは政治的労働運動と社会的労働運動の区別を問題とするが、それは主として発見的理由のゆえであり、理念型をつくりあげていっそう複雑な史実を分析できるようにするためである。

労働運動が主として、ある政治体制内部での自らの代表組織の力を増大させるという目的を追求するかぎりでは、われわれは政治的労働運動（political labor movement：ＰＬＭ）のことを語っている。これまでのわれわれの研究から言えるのは、ＰＬＭの軌跡は今世紀全般にわたっており、そのピークは第一次世界大戦後の世界的な労資衝突にあるということだ。ピーク時の衝突の中心地はヨーロッパである。これ以降、ＰＬＭが世界的現象として衰退していくにつれて、その中心地は世界経済の周辺諸地帯の方へと移動した。

われわれの研究によればまた、ＰＬＭの衰退にともなって社会的労働運動（social labor movement：ＳＬＭ）として確認しうるものが勃興した。この運動がＰＬＭとちがうのは、それが国家権力奪取への組織的関心から相対的に遠ざかっていることである。というわけで社会的労働運動の特徴は、諸政党や既成の労働組合組織から相対的に自律しており、労働コンフリクトの主戦場として政治舞台よりも職場の方を向いているということである。こうした運動形態が最初に歴然と出現したのは、一九三〇年代半ばから第二次世界大戦直後数年におよぶ時期、アメリカの大量生産工業を巻きこんだストライキの波においてであった。PLMの場合といくぶん似ているが、SLMの軌跡もまた、世界経済の中核地帯から周辺の方へ（toward）――この場合は周辺へ（to）ではない――移動する傾向が見られた。一九六〇年代後半／七〇年代前半の労資コンフリクトの波の頃までには、SLMという形態は西欧ではっきりと宣言された。そしてそれは、世界経済のいくつかの強力な中所得ないし「半周辺」の諸地帯において、そこでの労働運動をますます特徴づけるものとなっていくだろうと思わせる理由がある。

仮説と小仮説

われわれの第三の仮説は、二つの社会的諸過程における世界史的転換に焦点をあてることによって、PLMとSLMの波の決定因について、何らかの光を投げかけることができるのでないかということである。これら二つの社会的過程とは、（1）生産構造と労働過程、（2）労働力の社会的構造、である。もっと特殊には、われわれは以下の二つの小仮説を検討する。

（1）世界的規模で政治的労働運動が興隆しピークに達するのは、右の二過程が結合して資本にたいする労働の交渉力を弱めるような時期と関係している。労働運動の政治化にはこうした弱さを打破する目的がある。

（2）社会的労働運動の興隆は、この同じ二つの過程が結合して労働の交渉力を強めるような時期と関係している。

PLMがピークに達するのは、生産構造と労働過程の転換によって、労働が三つの戦線で同時に弱体化した時期（二〇世紀初頭）と関係している。まず最初に、生産規模が拡大するにつれて、価格競争が阻害され、物価下落の結果として諸商品が継続的に低廉化することによって実質賃金が「自動的」に保証されるということがなくなった。同時にまた、資本の有機的構成が高度化し、他方で賃金雇用に代わる働き口もなくなり、その結果、失業のため現役労働力にたいする競争圧力が増大した。最後に、労働過程の転換（技術的分業、機械化、オートメーションの進展）によって、多くの熟練労働者は、かつての希少な熟練が陳腐化するにつれて、労働市場における自らの交渉力を次第に低下させていった。こうした状況のもと、労働者は労働市場における自らの交渉力をとおして自分たちを守るということが、いよいよできなくなってきた。こうして労働運動は、政治権力によって、資本にたいするもう一つの力の源泉をあたえられることになった。

労働の弱さを倍加したのは、イギリスを除いて、一国の社会構造のなかで労働階級のウェイトが相対的に小さかったという事情である。そのことが今度は、労働運動の政治化に向かう傾向を加速した。というのは労働の強さは、労働運動が他の諸階層と同盟する能力に大いに依存するようになったからであり、そうした戦略のためには、政治的に組織された存在としての労働運動があることが必要だったからである。

ヨーロッパではPLMのピークと関係して労働過程と労働力構造の転換という局面があったのだが、そういった局面は多くの点でなお、現代の周辺諸国（たとえばそこでは、非労働階級の諸階層が依然として大きな社会的ウェイトをもつ）の状態によく妥当する。周辺部においてはＰＬＭが依然として重きをなしているが、右の点は翻って、そうしたことの背後にある重要な要素をなしていよう。

ＰＬＭの興隆とその周辺化は生産構造と労働力の転換によって一部説明できるのと同じように、生産構造と労働力という二つの部面のさらなる転換によって、ＳＬＭの興隆が説明されると期待しうる。戦間期および戦後期、流れ作業式の連続的組立ラインのような新しい生産技術が導入されたが、それは各労働者の活動をライン上の他の労働者と物理的に結合することによって、結果的に、生産の流れにおける短期的および／あるいは局所的な中断が資本にあたえる打撃を増大させることになった。ＳＬＭと関係する労働運動の闘争諸形態は、こうした資本の被打撃性を利用して労働者の直接行動へと向かうものであった。こうした交渉力の源泉を、われわれは「職場交渉力」と名づけるが、これはすなわち、労働者が自らの労働力を生産コース内部で支出しているかぎりでの交渉力という意味である。こうして労働運動の強さは、ＰＬＭの場合のようにもはや政治組織ないし労働組合組織に主に依存するのでなく、代わって、そこに労働者が埋めこまれている生産組織そのものに淵源するようになる。生産組織や労働過程の転換——これは職場交渉力の興隆と関係している——が臨界点に達すると、これに照応して各国の生産現場でＳＬＭが出現した（アメリカは一九三〇年代、西欧は一九六〇年代／七〇年代前半、発達した半周辺部は一九八〇年代）。こうしたＳＬＭの世界大の拡大は、一部には、高賃金大量生産技術——これによって職場交渉力が高められることが多かった——の普及においてアメリカの多国籍企業がはたした役割に負うていた（Arrighi & Silver, 1984）。

労働力構造の変化もまた、中核におけるＳＬＭの興隆とその周辺への波及と関係している。こうした方向にそって、非賃金的で半プロレタリアの諸階層が次第に枯渇してきたのだが、それとともに、労働運動の政治化に関係する二つの傾向が排除されるようになった。同盟を形成する必要と、労働市場での安売りから既存の労働力を守る必要とである。

右のようなPLMからSLMへの移動と関連し、生産構造と労働力が変化するとともに、労資関係の管理における国家の役割が変化した。SLMが支配的となったこうした中核地域にあっては、国家はますます労働運動の影響を受けやすくなり、国家の労働政策はいっそう非抑圧的となった。このような寛大さは多分に、PLMの部分的成功と影響力の結果である。しかしながら、周辺部では大概そうなのだが、労働運動への対応において国家が依然として抑圧的なところでは、SLMが出現してもPLMが沈静化するということはなかった。国家政策の変更は、これまたわれわれの信念だが、労働の交渉力を強めるような生産構造や労働力の変化と関係しているのである。

3 研究課題に向けて——世界レベルでの世界史的な研究手続きの必要性

予備的な研究にもとづいて、われわれは右のような仮説を展開してきたのであり、それによって、世界経済のさまざまな国民的現場において労働運動が収斂したり分岐したりする各種パターンが確認された。われわれの二つの研究方向（統計指標の収集と徹底的なケーススタディ）は、これまで各国別統計や各国別歴史に立脚してきた。

だが、われわれが各国別統計や各国別歴史の基礎上で研究を進めれば進めるほど、こうしたアプローチでは、長期の諸時期にわたる労働運動にかんして、世界レベルでの信頼できる指標を入手するという点で欠陥があるということにますます気づかされた。各国別歴史から得られた定性的評価は、われわれの仮説を引き出し例証するのにどんなに有益であっても、世界経済にかんする言明に翻訳することはほとんど不可能である。多数の時点で観察される多様な国民的パターンを「ウェイト」づけする際、判断の恣意性があまりに大きいので、意味ある結果を導きだすことができない。

ストライキ行動の定量的測定にかんして、それを世界レベルの指標に集計する際の難問は克服不可能だと分かってきた。第一に、スト行動の国際比較をした論者がみな強調しているように、データが記録され編纂されるやり方が異なっているので、データの比較可能性は限定的なものでしかない。(3) なるほどこれら論者自身が言っているように、比較可能性がこのように限定的だからといって、各国におけるスト行動の趨勢や周期について有意義かつ興味深い比較をする可能性が排除されるわけではない。だが、こうした比較可能性が何を排除しているかというと（そしておそらくこの点がそうした手続きが取られなくなった理由だが）、それは生《なま》のデータをそのまま超国民的ないし世界レベルの指標に集計するという可能性なのである。

第二に、仮に各国別データの比較可能性が限定的でしかないという点を無視しておくとしても、信頼できる統計集が利用できるのは最近の時期および一部の国についてでしかない。二〇世紀になる前に統計を集めはじめた国はごくわずかであり、多くの国は戦間期まで集めていなかった。大部分の周辺諸国では、ごく近年においてさえ信頼できるデータは利用できないのである。

これらすべての理由からわれわれが確信するのは、われわれの仮説を支持したり無効化したりしうるような、労働運動にかんする有意義な世界レベルの指標は、既存の国民的データを集計するだけでは得られないということである。それゆえ、われわれが収集し構築しようと提案するのは、いずれか個別の国境内での労働運動の広がり、強度、政治化を測るために利用可能な国民的データほどには正確でなくてもよいが、しかしおそらく、長期の諸時期にわたるグローバル・レベルでの労働運動の趨勢にかんするデータよりもはるかによい推定値が得られるような、そのような指標である。

4 研究の諸段階

こういったプロジェクトにとっては、内容分析（content analysis）〔各種マスコミの内容などの統計分析〕が主要な研究手続きをなし、われわれの努力の主要部分をなす。われわれは内容分析を、ストライキ行動の広がりを評価するためだけでなく、労働運動の政治化の程度を評価するためにも使う[4]。

内容分析は、世界レベルの労働運動の広がりと政治化にかんする有意義な像を生みだすための唯一の方法だと信ずる。各国別の統計資料からスト行動の世界レベルの指標を集計しようとする際の難問については、すでに述べた。各国の国民的統計資料にあるストやスト参加者の数を定量的に数えあげて得られる像といった次元では、ごく限られたものでしかないことは、これまたまったく明白である。内容分析はそういった限界を二つの方法で克服する。すなわち、（1）スト報道に盛りこまれた定性的な情報によって、また（2）あるストが国際報道のなかでどの程度取材対象となっているかはそれ自身、ストの広範なインパクトを示す定性的な指標だと考えられるという事実によって、である。

A　研究段階1

このプロジェクトの第一の主要な段階《ステップ》は、週刊誌、索引化された日刊紙、一八七〇年から現在までの年鑑《アルマナック》類を選択的に内容分析することだろう。内容分析のプロセスでわれわれは、ストライキやその他の労働運動上の意見表明について、多様なタイプの情報を記録することになろう。

労働運動の広がりを評価しうるために、われわれは以下の情報を記録する。

（1）各国ごとストライキが報道された回数、および
（2）報道されたストライキの規模と持続期間

労働運動の政治化の程度を評価できるようにするために、われわれは以下の情報を記録する。

（1）報道されたかぎりでのゼネストの数(5)
（2）ストが(a)公認の労働組合の支持か、(b)労働諸政党や労働代表と自認する政治諸団体の支持か、を得ているか否か
（3）スト参加者が労働組合や労働政党のメンバーであるか否か
（4）ストの要求事項のタイプ、そして
（5）事件、規模、要求事項の点でみた労働デモ——その際、労働組合および／あるいは労働諸政党

の公的支持があるかないかで区別すること

以下の出版物をカバーしたいと考えている。『エコノミスト』（イギリス）、『エコノミスト・フランセ』（フランス——一八八〇年代から第二次世界大戦まで）および『ル・モンド』（第二次世界大戦後）。同時に検討するものとして、一八七〇年以来の『ニューヨーク・タイムズ』と『ロンドン・タイムズ』があり、「ストライキ」と「デモ」といった主題の索引を利用する。最後に一八七〇年以後の全期間にかんして、『キーシングズ現代資料』（イギリス、一九三一年から現在まで）、『ホイタカー・アルマナック』（イギリス）、『世界アルマナック』（アメリカ）を調査することにする。

こうした資料的組合せを選んだのはいくつか理由がある。第一に、これらはみな一八七〇年以降の刊行であり（『キーシングズ』と『ル・モンド』は例外）、どれも国際的な取材範囲をもっている。第二に、どれか一つの資料だと、自分たちの影響範囲にあったり、さもなくば特別の関心範囲であったりする地域の出来事を集中的に報道しがちなのだが、これら八つの資料から得られる像が合わされば、そういった傾向を埋め合わせることができる。バイアスがかかる機会を減らし、各々の資料が自国のスト行動を不釣合いに大きく報道する潜在的傾向を割り引くために、われわれはその資料の出版国で報道されたストライキを記録しはするが、しかし、これを世界レベルないし圏域別の指標——これは以下の第二段階で構築される予定——には含めないことにする。

B　研究段階2

第一段階の内容分析で集められたデータを基礎として、多数の指標をつくることができる。使用した資料の各々について別々の指標がつくられよう。各指標は当該資料の内容分析の全期間をカバーすることだろう。思うに、世界全体にわたって同定しうるパターンもあれば、同程度の社会経済的発展水準にある国家群にだけ現れるパターンもあることだろう。したがってわれわれは、一方で自らのデータを世界レベルの指標へと集計し、他方でそれを世界経済の三つの圏域――中核、周辺、半周辺――ごとに分解することにしよう。(6)

われわれがつくりあげる指標のうちには、以下のものが含まれる。

（1）労働運動の広がり(7)

（a）所与の時期に存在する国家の総数にたいするストが記録された国家の数

（b）所与の時期に存在する国家の総数にたいする労働を巻きこんだデモが記録された国家の数

（c）ストとデモを組み合わせた指標

（2）労働運動の強度

（a）ストの絶対的総数

（b）その年、ストが記録された国家の総数にたいするストの総数

（c）労働を巻きこんだデモの絶対的総数

（d）その年、労働を巻きこんだデモが記録された国家の総数にたいするこの種のデモの総数

（３）労働運動の政治化の程度

（ａ）報道されたスト総数にたいするゼネストの数（註３をみよ）

（ｂ）スト数にたいする労働を巻きこんだ政治デモの数

（ｃ）スト総数にたいするスト参加者が何らかの政治的要求をもったストの数

Ｃ　研究段階３

われわれは次いで、各種指標から引き出されるかぎりでの、労働運動の世界レベル的なパターン分けにかんする像を比較対照することになるが、それら諸指標は内容分析に立脚しつつも、これ以外の情報類型や情報源を用いながら作られた諸指標を加えて構築されるものである。この第二の指標群が意図するところは、第一の指標群への補完でもあり、またそれへのチェックでもある。

労働運動の広がりにかんする指標は、標準的な国際的および国民的な統計資料——そこにはストライキ行動の情報がある——を用いてわれわれが作る諸指標と比較されるだろう。(8) その弱点（前述）に注意しながら、われわれはこれらの統計諸指標を、内容分析から得られた像に照らしてチェックする。これら二類型の資料の比較から何らかの変則性が立ち現れたならば、われわれはそれに注目し説明しようとするだろう。

労働運動の政治化にかんする指標——これは第二段階で作られる——から得られるパターンもまた、その他の情報類型や情報源から得られたパターンと比較対照されるだろう。もっと特殊には、われわれは以下の三つの手続きを踏む。

（1）われわれは、ゼネストにかんするわれわれの指標を、すでにアーサー・S・バンクスが『国際時系列データ』（Banks, 1973）で収集したゼネスト・データと比較するつもりである。

（2）われわれは、内容分析から得られた労働運動の政治化の程度にかんするわれわれの評価を、われわれが作る世界レベルでの選挙行動指標——労働側への投票数を総投票数で割ったもの——と比較するつもりである。「労働側への投票」とは、労働党、社会主義政党、社会民主主義政党、共産主義政党への投票として定義する。いくつかの地域や一部の期間については、これらは一書にまとめられている。例えば、ウォルター・ケンドール『ヨーロッパの労働運動』（Kendall, 1975）には、一九〇〇—一九七〇年の西欧八ヶ国にかんする投票パターンの情報がある。その他多数の関連した研究が、政治社会研究のための大学間コンソーシアム（ＩＣＰＳＲ）によって提供されている（そこから出ている『資料・サービス案内』をみよ）。選挙情報がまだ国際的／地域的に収集されていないところでは、われわれは各国の国民的統計集に依拠するだろう。

（3）国民的および国際的な統計集をつかって、われわれは組合員数の指標を、賃金労働力のなかに占めるその割合として作りあげるつもりである。労働力の規模にかんする各種数字は、註8で引用した各種歴史統計集のうちにある。加えてＩＣＰＳＲの『資料・サービス案内』も多くの適切なデータを提供している。

われわれはまた、労働運動の政治化の程度にかんする各種の情報類型や情報源から得られるさまざまな像について、それらの比較から出てきうる変則性を説明しようと考えている。

D　研究段階4

以上三つの最初の研究段階は、二〇世紀における労働運動の世界大のパターンを二つの中心軸――(1)高度な労働不安の諸時点と諸中心地、(2)それらの場所と時点において労働不安が政治化する程度――にわたって提供するものである。こうした諸発見からただちに要請されるのは、世界的趨勢を要約し、予期し、あるいはそれに遅れをとったり、そこから大幅に分岐したりする事例について、これを説明することである。

そうした諸ケースの理解に接近するため、こうした世界レベル的な諸発見の光に照らして、われわれは選び抜かれた各国ごとのケースについて検討し解釈を加えよう。世界労働にかんする研究ワーキンググループのメンバーは、過去四年間の研究の進展のなかですでに、一四の高度に重要な国民的労働運動についてきわめて詳細に検討した。実際のところ、このプロジェクトの諸仮説は大部分、この仕事から生まれてきたのであった。しかし研究段階1、2、3の成果は、これら諸ケースにかんして新しい問いを生みだし、それゆえグループの各メンバーは自らの特殊ケースについて評価しなすことになろう。世界的パターンからの重要な変異にかんする追加の諸例が登場して、もっと深い歴史研究の候補が生まれることも期待されるし、そこから、こういったケースをわれわれの仕事のうちに加えることになろう。

こうした研究段階の主要な目標は、労働運動の闘争諸形態と、生産組織・労働過程・労働力構造の転換との間の関係にかんする仮説3を評価することであろう(前述参照)。われわれの仮説を延長すると、個別のケーススタディが世界大のパターンに収斂するか、そこから分岐するかは、各種の国民的現場における工業化の段階的相違(すなわち生産組織・労働過程・労働力構造が転換されている程度の相違)

と関係しているという期待につながる。この仮説にかかわる各種主張を評価するためには、深い歴史分析が必要とされているのであって、そこにはいかなる世界レベル的指標を適用することもできない。

グローバル・パターンおよび（中核、半周辺、周辺といった）圏域別パターンの光に照らしてわれわれのケーススタディを再評価するなかで、われわれはまた、労働運動のさまざまな国民的パターンがどの程度、歴史的偶然や各種の国民的伝統・文化に根ざしているかを研究できるようになるだろう。こうした最後の要因類型がそれ自身、どの程度、社会構造的要因の変遷を形づくり、またそれを侵害していくかも評価されよう。われわれが強調したいのは、なるほどわれわれは社会構造的要因と労働運動の結びつきを仮説として立てるが、われわれはけっして、構造から人間行動への一方通行的な因果関係を仮定しているのではないということである。そうではなく、われわれは自分たちのケーススタディ分析から、次のことが明らかになってくるよう期待している。すなわち、人間行動それ自身は社会構造的要因によって制約され形づくられているのだが、すくなくともそれと同程度に、個人や集団の人間行動（例えば労働の戦闘性）にみられる各種パターンは、さまざまなスピードで、さまざまな方向に、こうした社会構造的転換を前進させる役割を担ってきたということである。

（山田鋭夫訳）

＊　この研究提案は、フェルナン・ブローデル・センターの世界労働にかんする研究ワーキンググループの仕事から生まれた。起草時点で（一九八五年春）、このグループには以下の実質メンバーが加わっている。Giovanni Arrighi, Vinay Bahl, Mark Beittel, John Casparis, Miguel Correa, Melvyn Dubofsky, Jamie Faricellia-Dangler, Roberto P. Korzeniewicz, Beverly J. Silver, Joan Smith, Nicoleta Stame, Dag Tangen. また William G. Martin と Immanuel Wallerstein が参加してくれたことも、グループにとって有益であった。

註

（1） これまでのわれわれの研究成果は、たくさんのコロックやコンファレンスで発表されてきたし、さまざまな形で出版されてきた。例えばWallerstein（1983: とりわけ Dubofsky, Arrighi, Selden, Higginson の章）。以下も参照。Arrighi & Silver（1984）, Dubofsky（1985）.

（2） 先にすすむ前に、「労働運動」にかんするわれわれの操作的な定義をはっきりさせておくべきだろう。労働運動と言いうるためには、二つの基礎的条件が満たされねばならない。すなわち、明確で社会的に意味ある抗議行動があること、ならびに、そうした抗議行動が賃金労働の条件にまではっきりと及ぶような形をとるか、そのような目的を追求するかしていること。労働運動が存在する徴候となりうる抗議行動は、まことに多様である。異常な離職、怠業、サボタージュ、ストライキ、ボイコット、暴動、デモ、抗議投票などがそれだ。ある場合（高い離職、怠業、職場サボタージュ、ストライキ）には、その目的が何であろうと、抗議の形態それ自身が労働運動の要素であるような行動が表されている。他の場合（ボイコット、デモ、暴動、抗議投票）には、それがはっきりと賃金労働にまで及ぶ目的を追求している程度に応じてのみ、抗議行動は労働運動の徴候であると考えられうる。

（3） ストライキ指標の計算と解釈にかんしては膨大な文献がある。重要な参考文献として以下をみよ。Forchheimer（1948）, Knowles（1952）, Britt and Galle（1972）, Ross and Hartman（1960）, Shorter and Tilly（1974）, Hibbs（1976b, 1978）, Shalev（1978a）.

（4） 新聞記事から社会運動および／あるいは労働運動の記述を集成した人たちの研究は、プロジェクトの当該部分のための手続きコードの案内としてきわめて価値がある。とりわけ以下を引いておきたい。Jeffrey Paige（1975）は農業運動の世界レベル的指標をつくるために、内容分析を利用した。Tilly（1969）と Tilly and Snyder（1972）は、一九世紀および二〇世紀のフランス・イタリアの新聞で報道された集団的暴動事件を整理しなおした。そして Richard Price（1980）は、煉瓦職人の『隔週報告書』（*Fortnightly Returns*）の内容分析にもとづいて、一九世紀煉瓦職人のストライキ行動を整理しなおした。

（5） 歴史的にはゼネストは政治行動の手段と考えられ、そのように利用された。すなわちゼネストは、国家に圧力を加えるための労働側の企図の表現であった。ゼネストが明白な政治目的をもたない場合でさえ、それは一定の組織レベル——政治的ないしプロト政治的な組織のみが提供しうる組織レベル——を必要とする。研究段階2においては、われわれはゼネストの指標をスト一般の指標でデフレートするが、その理由は、われわれがここで関心があるのは運動の広がりではなく、たんに政治化の程度だけだからである。

(6) 過去一〇〇年における、三つの明白な圏域——中核、半周辺、周辺——への世界経済の分割は、フェルナン・ブローデル・センターの半周辺にかんする研究ワーキンググループのプロジェクトの主題であった。われわれは、このグループによる諸国のこうした三区画への分類を利用する。

(7) 以下の指標は、標準的なスト行動指標と同じ観察類型——ストの規模(スト一件当たり参加者数)、ストの持続期間(スト参加者一人当たり損失日数)、ストの頻度(労働者一人当たりスト数)——をいくつか捕捉できるように意図されているが、同時に、世界レベルで操作可能なものであり、また内容分析から得られるデータでもって操作可能なものとなっている。

(8) この研究段階の主要な国際統計資料は以下のとおり。*International Historical Statistics: The Americas and Australasia*, *International Historical Statistics: Africa and Asia*, *European Historical Statistics*, *Statistical Yearbook for Latin America*, *Historical Statistics of the United States*, ILO: *Yearbook of Labor Statistics*. 何らかのギャップを埋めることができるかぎりで、各種の国民的統計資料もチェックされよう。

一八〇〇年以前の世界―経済における商品連鎖*

テレンス・K・ホプキンス
イマニュエル・ウォーラーステイン

1　問題の所在

この一〇年間のうちに、社会科学全般において、またとりわけ社会学において世界システムの政治経済学が主要な研究分野として現れてきた。この新たな分野の発展の中心にあるのは、資本主義世界－経済のさまざまなパターン、すなわち、世界的規模での分業ならびに拡張と収縮の局面によって特徴づけられる史的システムのさまざまなパターンにかんする専門知識の蓄積である。

一九世紀と二〇世紀に生じたトレンドや事件を説明するために、組織化する資本主義世界という前提を受け入れるようになった、社会変動にかんする研究者の数は増加している。だが、この時期に起こった事件やトレンドを説明するにあたって、一六、一七、一八世紀に世界－経済が存在したのかどうかについてすら、依然としてかなり議論の余地が残されている。組織化を進行させている世界－経済の範囲や影響については言わずもがなである。

われわれが提唱する研究は、直接、この論争を確証することを目的とするものである。つまり、本稿の研究課題は、一七世紀から一八世紀にかけて、世界－経済的な諸力の作用する範囲が拡大するにつれて「世界」の境界が設定され、そのなかで生産が組織化されていくのだという主張に、実質的な歴史的／実証的根拠が存在するのかどうか、という問題を直接確証することにある。

主要な反論として挙げられるのが、（古典的にビュッヒャーによってきわめて鋭く描かれている）段階的拡張にかんする漸進主義者（incrementalist）のテーゼである。それは、いわば、ヨーロッパの発展が大農園中心経済とともに始まり、それが都市中心経済へと進化し、さらには国民経済あるいは国家中心経済において頂点に達するというものである。今日でも、おそらくこの見方は、一九四五年になってはじめて、「資本の国際化」の時代が到来したと論ずる人々にも共通するものである。

この研究の意図は、これと真っ向から対立する主張を確証するところにある。すなわち、余剰の遠隔地貿易が、政治権力の枠に収まらない統合的な生産過程をもつ真の分業へと変容を遂げ、それを通じてヨーロッパにおける生産諸力の発展(アダム・スミスのいう「諸国民の富」)がまず始まり、そこから国家レベルならびに局地的な諸過程がそれに続く、という主張を確証するところにある。したがって、この分業の境界線は、都市や国家という境界によってではなく、そのように統合された生産と労働過程の事実上の地理的範囲によって決定される、とみるのが適切である。

この再反論を検証するには、初期(一六―一八世紀)の主要消費財のうちの二つ、つまり船舶と小麦粉の生産に包含される諸工程を実証的に検討する作業が不可欠となろう。この論争に含まれる多くの詳細な論点は、ここで提唱される規模の研究プロジェクトではほとんど収まりきるものではない。しかし、それでも、われわれが打ち出している主張が妥当かどうかを確証することはできるし、またわれわれはそうなると信じて疑わない。これが達成されるとすれば、その達成度に応じて、そのあとに続く研究では、この時期の変化にかんして異なった説明を提案しつつ、ここで提唱される研究成果によって立証される論法に取り組むことが必要となるだろう。

もちろんわれわれも無謬ではありえない。だがそれは、われわれの諦念から発する結論ではない。なお過ちがありうる、といっているのだ。したがって、少なくとも当時の二つの主要生産物――つまり資本財である船舶と主要輸出品である小麦粉――にかんして、もしわれわれが過ちを犯すとしても、それはわれわれがえた結果から至極自明のこととして導きだせる、といえるように、本稿の研究は考案されている。この限られた研究の成果が首肯されるものだとしても、それがわれわれのパースペクティブの総体を正当化するものではないことは言うまでもない。それが意味するのは、ただ、われわれが述べたように、展開された議論の大筋は怪しいものではないのだから、他の人もそれを斟酌すべきだ、ということにすぎない。

2 基本的な研究上の論点と手続き

われわれの基本的な疑問は、資本主義世界－経済が、一六、一七、一八世紀の間、組織化の原動力であり、構造的現実であったかどうか、そしてそれはどの程度か、というものである。このことから二つの論点を検討することが必要となる。

第一に、さまざまな政治的管轄権（political jurisdictions）と地理的な意味での地域内部にある生産諸過程が、どの程度まで、拡張と収縮に特徴づけられる複雑な「世界的規模」の分業に統合される一部であったといえるのか。一九世紀や二〇世紀とは対照的に、一七世紀から一九世紀にわたる時期（実際には各世紀の間ですら）の商品生産の立地とタイプに生じた変化にかんするわれわれの知識から、第二の疑問が生じる。正確を期して言えば、ここで仮定している世界的規模の分業における周期的再構築の一部として、商品生産の面でどんな変化が生じたのか、という疑問である。

これら二つの疑問をつきつめて考えるためには、時空を超えた生産諸工程間の関係を構築し、その足跡をたどることが必要となる。この目的のために、われわれは「商品連鎖」（commodity chains）という概念を用いることにしよう。「商品連鎖」という概念は、その最終的な成果が最終製品となる労働諸過程と生産諸過程からなるネットワークを意味するものである。この連鎖を構築するにあたって、われわれは最終的な生産工程から始め、主として原料投入に至るまで連続的な諸局面を（逆の順序ではなく——以下を参照）後方連関的にさかのぼる。

超国家的な分業を追跡し叙述する場合、この概念を活用するほうが、他の方法よりも利点がある。現在、支配的となっている手続きは、貿易、移民、あるいは資本投資といったような、国家間の（つまり、国境を越えた）経済的なフローを主に追跡するというものである（おそらくは、そうした国境を越えるものを管理する官僚的な過程が存在しているために、われわれは何にもまして特定の経済的な作用にかんする体系的なデータを入手できる）。こうした方針にのっとって組織化された研究から明らかになるのは、ある国家の管轄する領域から他の国家の管轄する領域への移動であり、そのおかげで国家間の直接的あるいは間接的交換にかんしては正確に描くことができる。しかしながら、そうした努力を積み重ねても、通例、複雑な生産諸過程における労働の真の分割、したがってその統合を明らかにするフローと移動の総体を解明することはできない。対照的に、最終製品に帰結するコンポーネント生産の諸過程の分析を行うことによって、複雑な分業が存在するという論点や、その連鎖のどの地点を取り出しても真に経済的な代替物が存在するという論点を直接取り扱うことができる。さらに特筆すべきは、地理的に広がった分業や、商品の移動による国家の相互関係あるいは分離のどちらも、商品連鎖概念の想定外のものである、という点である。これは、関連しあう労働過程を商品連鎖が示すことができるか、という問題にたいして不可知論の立場をとるものである。それによって、その概念に依拠して組み立てられる研究は、これまでのところ不可能であった方法で、生産活動の超国籍的な相互依存にかんする主張を検討することが可能となっている。

ある商品連鎖の構築は二段階で進んでいく。その連鎖の構造を正確に描く作業は、一消費財の最終的な生産が行われる時点から始まる。しかしながらわれわれはもう一歩「前方に」踏み出さねばならない。つまり、最終製品が消費に向かう時点が最初に示されなければならないのである。次の一歩は、逆の方向に踏み出される。それは、前方ではなく、後方に向かわなければならない。なぜならば、われわれの関心は、原料が投入される多様な用途にではなく、最終製品における価値の源泉となる場（loci）を見いだすことにあるからである。

厳密な意味での生産を描写することとは、最終製品から後方に働く、主要な各工程を示すことから始まる。こうした工程の一つ一つが、その連鎖の一つの「結節点」（node）を構成する。ある連鎖の最も基本的な形態は、**図1**のようなものになるだろう。

完全な形で描かれた連鎖からは、はるかに複雑な分業の姿が立ち現れる。つまり、多様なサブコンポーネント（subcomponent）がそれぞれの原料に向かう独自の連鎖をもち、最終製品で用いられる加工された原料もまた自らの連鎖的なセグメントをもつ、といった過程が繰り返されるからである。また、こうした各工程で必要となる労働の源泉（そして翻って、この労働を可能にするための主要食料）も設定されねばならないだろう。くわえて、さまざまな主要な生産の場が結びつけられる諸工程の集合が、競合

図1

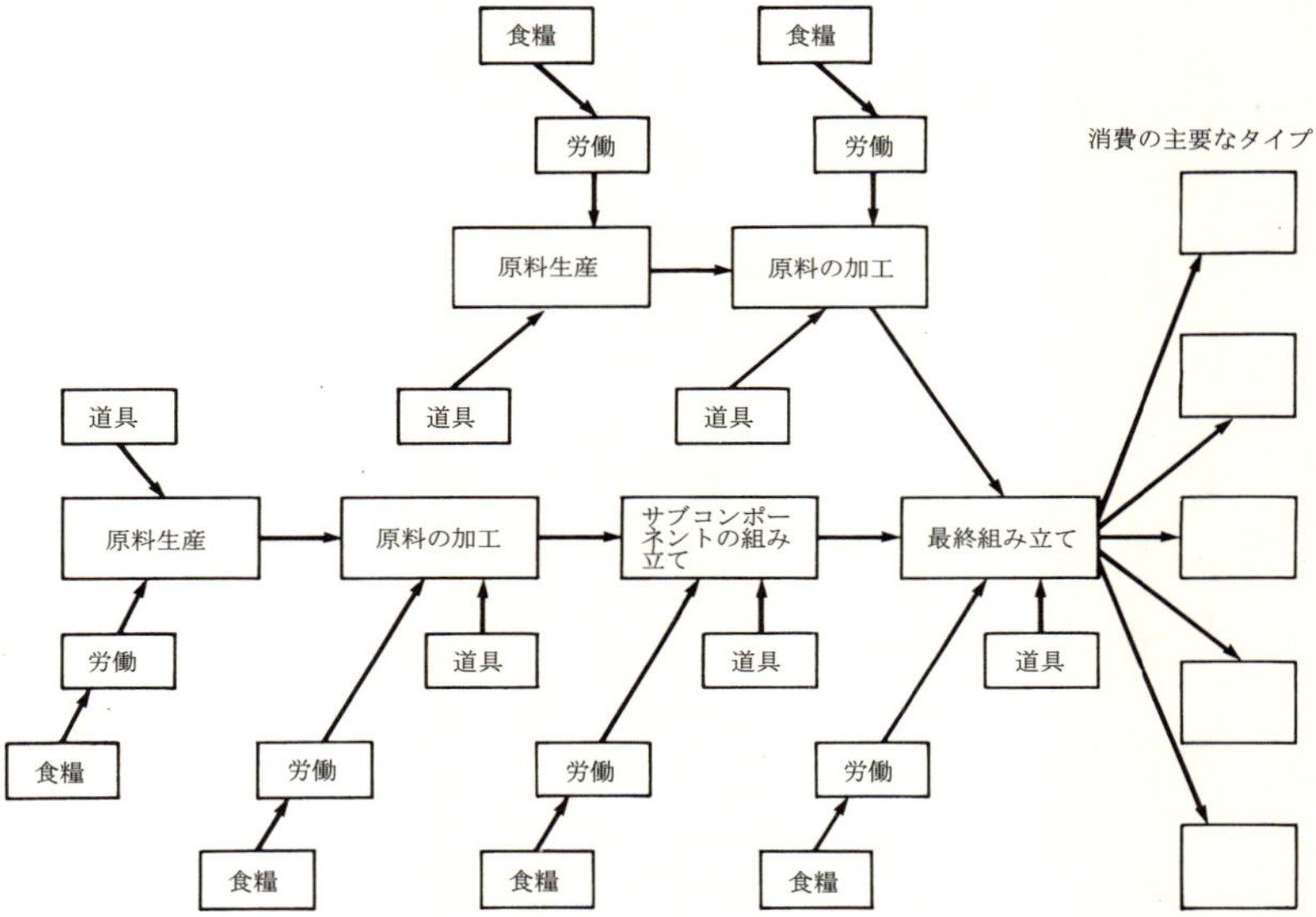

する技術で行われるためにまったく異なり別個のものである場合、つねに、平行するさまざまな副次的連鎖あるいは連鎖全体までもが構築されねばならない。かくして、特定の図式を描くとしても、それは、どのような生産物を対象としているのか、そしてどのような時期設定を行っているのかによって、別物となるのである。

何らかの連鎖を構築する第二段階は、各々の工程や（労働をのぞく）結節点にたいして四つの特性を記録することである。

（1）結節点とその直前直後に生じる工程間のフローの普通にみられる性質

（2）結節点内における生産関係の支配的な種類

（3）技術や生産単位の規模を含む、支配的な生産組織

そして

（4）当該工程の地理的な立地

このように詳細に構築された商品連鎖をつうじて、当該の商品生産における分業が適切に描かれることになる。諸工程間の紐帯（cohesion）／分節化（segmentation）そして諸工程の集合がもつ組織的特性に不平等な点がみられることは、そうした商品連鎖の解剖学的な構造から直接読み取れるとみてよい。国家の管轄権の範囲を越えたところで生じる、こうした工程やその組み合わせのうちのどれが地理的に拡散しても、それは容易に予測できるだろう。

重要度は劣るかもしれないが、同様に、ある商品連鎖を時系列的に（over time）検討すれば、観察者は、その連鎖の組織構造上の変容が帯びる性質やその程度を評価することも可能となる。そうした変化は、ある連鎖内の分節（segment）が変化する場合から、ある連鎖が他の連鎖に大規模に置き換わる場合まで、広範囲に起こりうる。われわれが考えるところでは、以下の四つの諸相のいずれかにおける重要な変動を指標とすれば、考察対象である商品連鎖で表現される分業の著しい変容が理解できる。そうした諸相とは、

（1）諸工程の地理的な分布

（2）連鎖によって包摂される労働力の諸形態

（3）生産技術と生産関係

そして

（4）各生産拠点内の工程の拡散／集中の程度

である。

3　研究構想とデータ収集

A　主　題

一五九〇─一七九〇年の時期に世界的規模の分業が存在したとする主張（なぜこの期間が選ばれるべきか、その理由は以下で述べる）を検証するために、この時期の主要生産物の二つ──船舶と都市で消費される小麦粉──を生み出す商品連鎖を構築してみよう。ここで船舶を選んだのは、この時期、船が（魚や鯨油などの）重要な生産の場であるだけでなく、商品交易のための主要インフラを形成していたという認識に立つからである。これにたいして、小麦粉は、経済先進地域であるヨーロッパにおける都市労働力の維持と再生産にとっての重要な主要商品である。たとえば、一七世紀半ばには、ホラント、ユトレヒト、フリースラント、そしてクローニンゲンからなるオランダの諸州に居住する半分以上の住民は、輸入穀物によって食糧を得ていた。製粉と造船を選択したのは、また、都市工業的な商品生産と農業中心的な商品生産の間の可変性を確認するためでもある。かくして、この二つの商品を組み合わせることで、われわれは考察対象時期における経済活動の特徴を評価するための手堅い実証的基準をえるのである。これらの商品はともに、さらに最終的な判断基準を満たすものである。つまり、無数に存在する二次的な研究の主題を形作り、商品連鎖の構築にとって豊富な素材をわれわれに提供してくれる。もちろん、この素材の質は、その研究者や使用する記録文書に応じて異なってくる。われわれは全般にわたって他の二次資料を参照しつつ相互に検証し、二次資料の質が第三の進化を遂げることを頼みにするつもりである。

B　連鎖の構築

主要な研究課題は、製粉と造船にたいする商品連鎖を構築することである。そのためには、（1）商品が生産される主要な生産諸工程、（2）各工程の中心的特性、そして（3）こうした工程の地理的・政治的分散を第一義的に確定することが必要である。

製粉と造船はともに、数多くの連続し識別可能な生産諸工程を含んでいた。このことを、一六五〇―一七三三年の造船業にかんするわれわれのかつての研究を参照しつつ明らかにしたい。この時期の造船にかんする商品連鎖の諸工程は、**図2**のように簡潔に記述できる。ここで取り上げている二つの連鎖の描写は、最終生産地（つまり、造船所と小麦の精白所）から出発する。流通と消費の地点を記した後、諸工程を後方連関的にたどって、最終的に原材料に到達したとき、この描写は完了する。

実際には、**図2**で描かれたのよりも、はるかに複雑な連鎖が現れる。工程ごとに、使用される道具、労働力、そして労働力にたいする食糧供給のデータを収集すれば、その時点で、連鎖の結節点にたいする追跡は終了する（もちろん、これらの各項目をさらにさかのぼって追跡することもできるが、そのような作業に取り組めば、われわれは無限回帰に陥り、また、考えられうるかぎりの全経済活動を描写しなければならなくなる。それは、無意味で反生産的な営みとなってしまうだろう）。われわれが認識しているところでは、どの時点においても、そして長期の時間軸でみればなおいっそう、多様かつ代替的な諸工程の集合を活用する複数の生産者が存在する限り、そうした類のいくつかの商品連鎖を構築しなけれ

図2

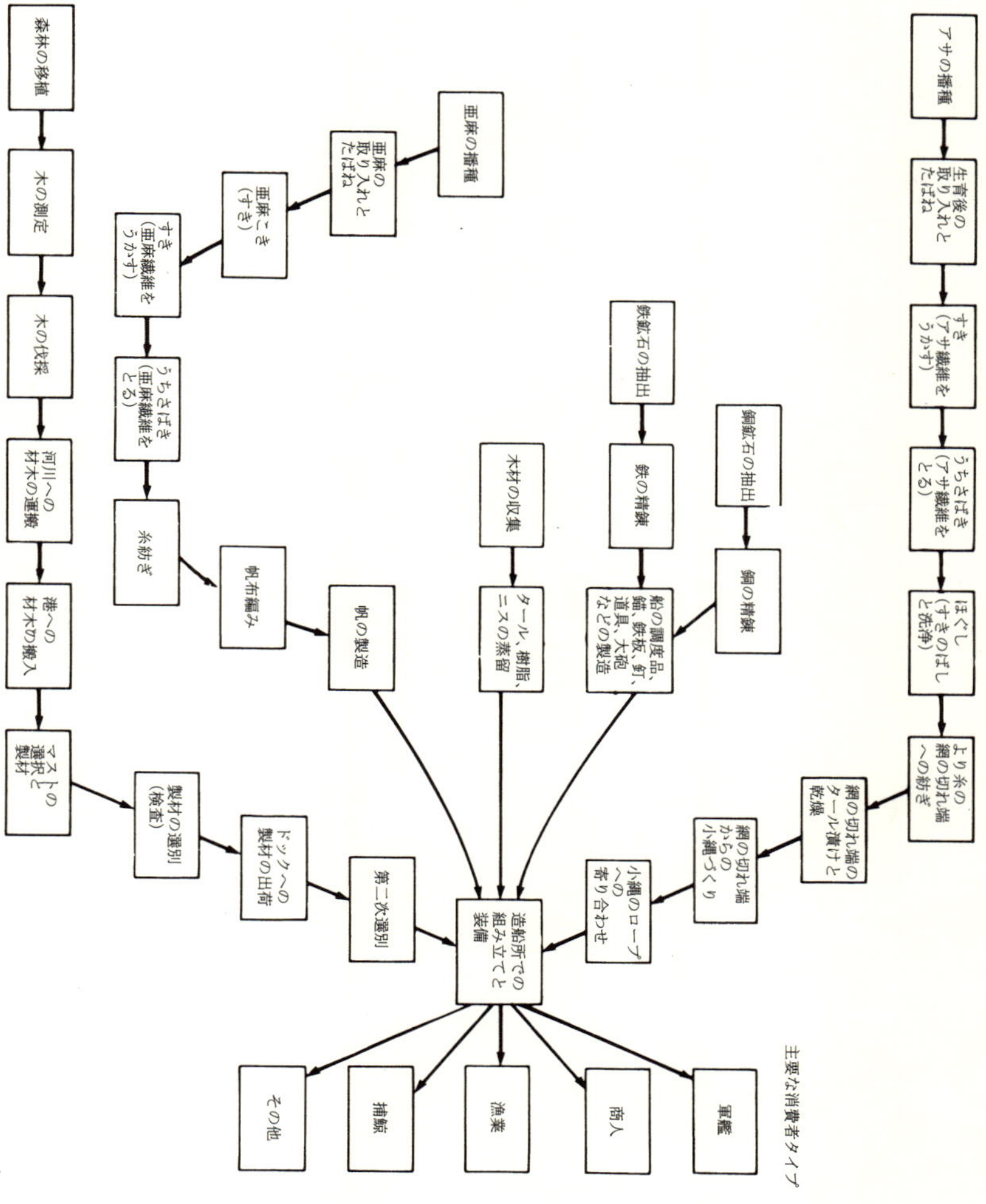
アサの播種
生育後の取り入れとたばね
すき（アサ繊維をうかす）
うちさばき（アサ繊維をとる）
ほぐし（すきのばしと洗浄）
より糸の綱の切れ端への紡ぎ
綱の切れ端のタール漬けと乾燥
綱の切れ端からの小綱づくり
小綱のロープへの寄り合わせ
鉄鉱石の抽出
鉄の精錬
銅鉱石の抽出
銅の精錬
船の調度品、錨、鉄板、釘、道具、大砲などの製造
木材の収集
タール、樹脂、ニスの蒸留
亜麻の播種
亜麻の取り入れとたばね
亜麻こき（すき）
すき（亜麻繊維をうかす）
うちさばき（亜麻繊維をとる）
糸紡ぎ
帆布編み
帆の製造
森林の移植
木の測定
木の伐採
河川への材木の運搬
港への材木の搬入
マストの選択と製材
製材の選別（検査）
ドックへの製材の出荷
第二次選別
造船所での組み立てと装備
主要な消費者タイプ
軍艦
商人
漁業
捕鯨
その他

ばならないのである。

第二の研究課題のなかには、各生産工程の四つの主要特性におけるデータのコード化が含まれている。これら四つのカテゴリーと、データがコード化されるさいに現時点で考えられるバリエーションにかんする事前の作業リストとは、以下のようなものである。つまり、

（1）結節点に出入りするフロー
（a）移転される品目
（b）移転様式（市場を通じた移転、作業場内、非市場・非作業場移転）
（2）生産諸関係と労働力の性格
（a）賃労働——賃金率
（b）非賃労働——家事労働
「共同」労働
奴隷労働
他の強制労働
（3）生産組織
（a）技術——エネルギー源
機械化の程度と型
（b）生産単位——工場や大作業場（一〇人以上）
小作業場
世帯
大農場（estate）
小作農地（peasant plot）

（4）工程の立地——地理上の立地
政治的単位

四つのカテゴリーで収集されたデータから、地理的・政治的空間をこえた連鎖を構築する素材がえられるし、諸工程が均等にあるいは不均等に拡散する程度が端的に示せる。この点については、各政治単位内における諸工程の数が重要である。

C　データの出所

今みた研究手続きのためのデータは、何よりもまず、経済社会史家の容易に利用できる議論から導出できる。造船と製粉にかんする研究は、多岐にわたってきた。われわれの研究が包括するさまざまな地域、言語、そしてトピックスの相違を前提に考えれば、われわれの研究が進むにつれてデータにギャップが生じることが予想できる。われわれが二次文献を渉猟し尽くしてもなお問題が残る場合、ここで考察しているトピックスに関連する農業過程ないしは商工業化過程の知識を有する、一六—一八世紀のヨーロッパ経済にかんする著名な経済史家の手助けを求めることになるだろう。そうしたデータソースを渉猟し尽くした後に、いかなるデータギャップが残っていても、それをもはや推測するつもりはない。というのも、経済史の発展の総体が示しているように、これはたいへん危険な手続きだからである。

D　研究のタイム・スパン

そのため、いったん連鎖やその一部が時間の経過とともに変化することが認められたときに、重大な研究上の問題が生ずる。明らかに、二世紀というタイム・スパンにわたる時期の連続する瞬間瞬間において、その連鎖を考察する必要がある。それでは、どの時点を観察すべき特徴的な時点であるとみなすことができるのだろうか？

前述したとおり、われわれの研究は、その時期の経済史に依拠しつつ進めるというものである。この時期、ヨーロッパにおける経済活動は拡張と収縮が交代するいくつかの局面を経験したことは、広く議論されてきたが、対象となる個別の地域や国が広範囲に及べば及ぶほど、それだけ異なる説明が存在するのである。われわれが知るかぎり、ヨーロッパ経済の全領域について、こうした局面を記録してきた人はいない。それでも、拡張と収縮の局面が記録されたかぎりにおいて、（論争をまねくことは承知の上で示せば）ヨーロッパにかんして暫定的にではあれもっともだと同意できるのは、以下のデータである。

拡張	収縮
一五九〇―一六二〇年	一六二〇―五〇年
一六五〇―七二年	一六七二―一七〇〇年
一七〇〇―三三年	一七三三―七〇年
一七七〇―九〇年	

したがって、われわれは、観察時点として、右に示された八つの考えられうる転換点を選んだ。すなわち、一五九〇、一六二〇、一六五〇、一六七二、一七〇〇、一七三三、一七七〇年、そして一七九〇

年である。しかしながら、この時期区分の選択は、（たとえば二五年といった）恣意的なものとは対照的に、依然として暫定的で修正の余地がある。にもかかわらず、われわれはそこに出発点を据える。言うまでもなく、実証的な素材がこの年代記を正当化するかどうかを理解したいのだ。かくして、八つの各時点で、われわれは必要であると思われるかぎり、われわれの連鎖の細部を再検討し、また再構築しようとするつもりである。

E　構築された連鎖の評価

われわれが選んだ二つの生産物にたいする商品連鎖を八つの時点で構築してみれば、一七―一八世紀に世界―経済が存在したかどうかをめぐって戦わされた論争にたいして判断材料がえられる。五つの論点が評価されねばならない。

（1）世界―経済規模での分業なのか？

ここで問題となるのは、造船と製粉のための分業の規模と程度である。完全な商品連鎖から、われわれは生産工程の相互依存を評価したい。ここで最も重要なことは、地理的に拡散した、とくに複数の政治的単位にまたがる工程が商品連鎖からどの程度明らかになるのか、という点である。上述したとおり、この時期の世界―経済の存在についてはいろいろな主張がなされているが、ここには二つの対立する説明が含まれる。主として国境内で行われている社会的分業　対　領土的な境界をこえて広がる労働諸過程を統合する分業である。後者が正しいとされるかぎりにおいて、政治的な相違点が、生産ならびに労働過程の相違（つまり、賃労働 対 強制労働 対 家事労働、技術水準、労働報酬、生産単位の規模）に、どの程度対応するのかをわれわれは確定するつもりである。もちろん、主に国家中心の生産工程を示すまったく逆の主張をその商品連鎖が証明してしまう可能性を否定するものではない。

（2）世界－経済は拡張しているのか？

一九―二〇世紀における現代世界－経済の決定的な特質の一つは、断続的であるにせよ、その境界線の長期的な拡張が存在してきたことにある。このトレンドが本稿の対象である時期に存在しているのかどうかを決定しようとすれば、当該の二世紀にわたってこの連鎖のもつ地理的・政治的境界線が拡張し収縮し、あるいは不変であったかどうかを判断しなければならず、そのためには先に挙げた八つの時点における連鎖が検証されねばならない。労働、原材料、等々の新たな源泉を包摂することによって、ここで考察している連鎖が拡張していくかぎりにおいて、世界－経済過程をつうじて分業が成長するという主張を支持する重要な論拠を手にすることになるだろう。

（3）生産システムは周期的なのか？

上述のとおり、多くの人々が理解していることだが、世界－経済をつうじて組織される経済活動から、一九―二〇世紀における拡張と収縮の交替局面が明らかとなる。くわえて、一七―一八世紀の個々の地域にたいしてそうした循環の存在があると多くの論者が述べている。二世紀にわたる連鎖活動にかんして収集したデータによって、はじめて一五九〇―一七九〇年にそうした循環的周期（cyclical rhythms）が大雑把にいって明らかになるかどうかを検証することができる。こうした連鎖の中で結合する生産活動が資本主義世界－経済の想定される周期にしたがうかぎり、これらの連鎖を組織化するものとしての、世界－経済規模での過程を示す明確な証拠を入手したとみなしてよい。その一方で、そうした活動が存在しない場合、この時期における世界－経済の存在は妥当性が乏しいといえるであろう。

（4）分業は周期的に再構築されるのか

資本主義世界－経済の研究から明らかになるとおり、その分業が長期にわたって周期的に変容を遂げ、近代の分業内での作業の特質や配分にこうした変貌が生じたのは、主に経済的危機や停滞の時期においてのことである。造船や製粉の連鎖に組み込まれる素材をふまえて、そうした分業の再編とそれが生じた時期を確定してみたい。したがって、これらがどの程度確定できるかに着目しつつ、（1）一七九〇年に先立つ二世紀と一七九〇年以降のほぼ二世紀に及ぶ時期の間に強い類似点が存在する、（2）そうした世界－経済規模の商品生産が再編成される過程が存在する、という点が確認できるかどうか、考察を進めたい。世界－経済大の活動が持続したかどうかを曖昧にする主要な特質の一つは――われわれは一九世紀に先立つ世界－経済をめぐって議論を戦わせるつもりであるが――端的に言えば、世界的規模での商品生産の諸特質が、継続的かつ根本的に異なる様相を呈している点にある。

（5）構造的な変貌の源泉は何か？

拡張と収縮の局面あるいは商品連鎖に周期的な構造上の変容を確認できるとすれば、それに続いて、そうした変化の源泉が検討されねばならない。その作業は、本稿が計画する研究課題およびそれが対象とする規模からいって、最小限にとどめる他ない。とはいえ、研究の進捗とともに、そうした変容を促進しそこに存在する諸過程を記録し評価することになるだろう。その連鎖と時間の経過とともに生じる変化を描写していくうちに、多くのことが明らかになると予想される。たとえば、革新的な技術が特定の時点に導入され、その（諸）連鎖が大規模に再編されるきっかけとなるかもしれない。新たな原料供給地やより安価な労働供給地が開拓される可能性もある。経済停滞から生じる圧力は、それが激増する時期に、特定の生産者だけを消滅させるかもしれない、等々。そうした時期には、直接的には本稿における考察の射程外の活動領域、つまり国家間関係の領域に、他の重要な要素を見いだすこともできる。よく議論される例を挙げれば、大英帝国における造船業の台頭は、厳密に公的な経済活動を考察すれば明らかなように、英—蘭間のヘゲモニー闘争によるものである。われわれが取り扱う連鎖の構築に関連する歴史の年代記（annals of histories）にそうした要素が記録される場合、それは場所と時間を問わず、そうした要素を記述し、かつそれに評価を加えることになるだろう。だが、この作業に依拠するだけでは、そうした要素がどの程度重要であったのかについて体系的な評価を下すことはできないこともまた事実である。しかしながら、このようにして、そうした変容の原因にかんして将来考察を加えるためのアプローチの手段を提示することはできるのである。

（原田太津男訳）

＊　この研究提案は、世界—経済における循環的周期・長期的トレンドにかんする研究ワーキンググループの現在の作業の基礎をなすものである。一九八五—八六年のグループのメンバーは、Terence. K. Hopkins と Immanuel Wallerstein がコーディネーターを務め、Laszlo Fekete, Eyüp Özveren, Emmett Schaffer そして Dag Tangen からなる。このグループは、国民科学基金から研究助成 SES8409131 を受けている。

南アジアの編入と周辺化

——一六〇〇—一九五〇年*——

ラヴィ・パラット、ケネス・バー、ジェイムス・マトソン
ヴィナイ・バール、ナサール・アーマド

近年、政治史という恣意的カテゴリーの内部で、近世および近代の南アジアの経済・社会史にかんする研究が行われていることにたいして、インド史家の間で不満が募っている。ゴードン・ジョンソン(Johnson, 1985: 353)の考察によれば、こうしたカテゴリーを用いることは、「それ自体としては政治的発展の説明に役立ちうる変化を曖昧にしてしまうと同時に、社会的あるいは経済的観点からすれば何も生じていないのに急激な変化があるようにみせかける効果をもってきた」(Perlin, 1983も参照のこと)。

世界システム論の観点から、インドの近世ならびに近代史にかんする五つの本質的な問いを提出することによって、われわれは、狭い領域——通例はその中で議論がなされる——をこえた南アジア史へのアプローチを提示したいと思う。これによって、さらなる研究のために関連した論点が浮き彫りになり、明確になることを願っている。より明確に言えば、ここで議論のために提出する五つの問いとは、以下のようなものである。つまり、(1)いわゆる中世後期には存在したインド洋地域における自律的な世界–経済(world-economy)は、なぜ崩壊したのか。(2)勃興しつつあったインド洋世界–経済の崩壊を前提とした場合、世界の多くの地域(たとえば、オスマン帝国ならびにロシア帝国)が領土を征服されることなしに資本主義世界–経済に編入されているのに、インド亜大陸が植民地の形態をとったのはなぜか。(3)(カナダ、オーストラリア、そして南アフリカといった「白人」支配地域を除けば)他の周辺地域において同様の拡張がなかったのに、一九世紀後半や二〇世紀初頭にこの亜大陸では、なぜ工業生産に着実な拡張がみられたのか。(4)インド国民会議派が最初の民族運動として出現し、一九二〇年代に大衆運動の地位を獲得し、そして過激化せずに大部分目標を達成したのだが、そうした国民会議派は、なぜ劇的な成功を収めたのか。(5)そして最後に、国民会議派の成功にもかかわらず、なぜインドは分割されたのか。そこで、資本主義世界－経済への編入[1]を論ずる前に、南アジア世界－経済にかんする議論から始めよう。

1 南アジア世界－経済の興亡

一三世紀半ばのデリー・スルタン朝の成立によって、一連の経済的・政治的諸過程が始まり、一七世紀初頭までに南アジア世界－経済が出現することになった。支配と従属関係の再構築における最も重要な要因は、余剰の巨大な取り分にたいする国家の要求であった。それは、主に地租の形で要求され[2]、また、「どんな領土にたいする永続的な担保権設定もなく、スルタンへの完全な依存のもとで、支配階級が所得を獲得した移転可能収入割当制度によって大部分強制されたものであった」(Habib, 1978: 294-95)。一四世紀半ばまでに、ヒンドゥーでもイスラムでも同様に、この制度は亜大陸の大部分の州によって採用された[3]。

土地収益が一定の割合の穀物として評価されたので、それは本質的に逆累進課税であり、貧しい農民であればあるほどその負担が重くのしかかった (Habib, 1978: 296-98)。さらに、とくにその請求者の多くが都市の中心部に居住するか勤務していたときには、収入の割当が移転可能だったために、現金への税の割当が促進された。実際のところ、農業余剰の大量の割当があってはじめて、みごとな都市の中心部が存在可能となり、そこでの工芸品生産の爆発的拡張も可能になったのである (Habib, 1965: 53; 1969: 41,77; I. A. Khan, 1976: 115)。とはいえ、このことは次のことを意味した。

都市と農村の間に実際の交換は存在しなかった。商品という富、したがって事実上工芸品生産は、大部分、ムガル・システムが安定的に機能し続けた程度によって決定された（Habib, 1978-79: 174）。

農業の商業化と職人生産がかなり増加することによって、亜大陸の内部ともっと大きなアジア貿易世界との間に、大規模遠隔地貿易にとって必要な諸要素が生みだされた。この貿易はまた、アジアの他地域に影響を及ぼす諸要因によって活発化したが、そのテーマはあまりにも大きく複雑なのでここでは取り上げない。

しかしながら、遠隔地貿易がそれ自体で世界－経済の存在を示すというわけではない。市場経済というのであればたんに交換ネットワーク内部の諸遠隔地を結びつけたにすぎないものだが、世界－経済というかぎり国家間《インターステイト》システムの内部の階層間分業における生産諸過程の統合が含まれているものである（Chaudhuri, 1981; Wallerstein, 1979, 1980, 1986）。われわれは、インド洋を中心にしたそうした世界－経済がおよそ一六〇〇年頃に登場し始めた、という議論を展開する。こうして出現したインド洋世界－経済と南アジア亜大陸内の生産過程の統合は、なお研究の余地を残す重要な問題であるけれども、われわれはその存在を示す証拠を手にしている。一方では、一七世紀初頭までにインドは「東南アジア、イラン、アラブ諸国、そして西アフリカにたいする織物の主要な供給者、しかもたんに洒落た服ではなく大衆向けの普段着の供給者」となった（Raychaudhuri, 1966: 85, 1962, 1-2; Fuber, 1976: 34, 39; Braudel, 1984: 215-6, 218-19; Das Gupta, 1982: 410, 413-16; Wallerstein, 1986: PE-29）[4]。他方では、南コロマンデルの機織りの村は、一六〇〇年までに、ベンガルからのコメ供給に少なくとも部分的に依存していた（Raychaudhri & Habib, 1982b, xv）。

しかし、この世界－経済は、生産手段を蓄積し革命する飽くなき衝動にしたがう資本主義に依拠しているとはまだいえないだろう。地租からの重く逆進的な搾取に基礎をおいているために、農民は、資本投資を含む効果的な技術改善がほとんどできなかった。その一方で、支配階級は、巨大なプランテーションが存在していなかったために、農業における技術革新を促進する動機づけをほとんどもたなかった（Habib, 1978-79: 161）。同様に、工芸品生産部門における大多数の熟練職人の存在は、大部分カースト制度によって促進され、次のような結果をもっていた。つまり、

低賃金の中にその自然の結果をもっていたのである。二つの現象が必然的に共存した。労働者は、まさに生存維持的水準の所得に苦しめられていたので、何らかの支出を必要とする道具や原料を買う余裕がなかった。かくして、追加的労働と技能の適用を押し進めることによって、これらの不足を埋め合わせる傾向にあった（Habib, 1978-79: 172-74）。

こうした条件下では、技術の後進性を克服しうる方法が唯一あるとすれば、それは、貴族および／あるいは商人から投資を受け入れるというものであっただろう。これらの社会階級は、カクハナスつまり作業場のなかで多数の労働者を直接指揮する一方で、工具をそろえる責任をその労働者自身にとらせたことは、特筆に値する（Habib, 1978-79: 172-74）。

明らかに、南アジア亜大陸のすべての地域がこのインド洋中心の世界－経済のなかに同じように参加していたわけではなかった。この事実をとらえたのは、四角形としてインドを描いたアシン・ダス・グプタである。かれは、インドの輪郭が、コロマンデル海岸とマラバール海岸、ムガル帝国の二本の幹線道路――つまり、デリー＝スーラト間、およびデリー＝ガンジス・デルタ地帯間の道路――によって形成されたとみたのである（1970: 183, Braudel, 1984: 18）。別の次元では、州や地域の貨物集積地――アーグラ、ベナレス、ブルハーンプル、ラホール、ムルタン、パトナ、そしてもっと小さな町――が断続的に世界経済に参入していった（Chaudhuri, 1979: 156）。結局、次のようなもう一つの市場カテゴリーが存在していた。

> つまり、それは、特定の場所や町に位置するのではなく、むしろ単一の単位を形成し、単一の商品を生産する小町村の集合体からなる市場である。例をあげれば、インディゴにはビアナやサルヘジ、硝石にはビハール地方のチャプラ地区、カシムバザールの生糸生産地域、［そして］上質の織物にはダッカ地区、といった具合である（Chaudhuri, 1979: 156）。

市場の特性は、市場が位置する社会的・政治的環境によってさらに形成されていき、これらの各機能的カテゴリーにおける市場間で著しい地域格差を生み出すのである（Das Gupta, 970；Arasaratnam, 978；Stein, 1982）。

大半の南アジア諸国は、亜大陸的規模での権力の追求そして／あるいは大量の農業余剰のより効果的な利用に、最大の関心を寄せていたために、海上貿易にたいして優雅なる無視《ビナインネグレクト》の態度をとった(Das Gupta, 1982: 421-22)。インド洋に強い海軍がいなかったので、ヨーロッパ人は到着するやいなや通商航路《シーレーン》を支配できたのであった。外洋にたいするヨーロッパ人の支配は、貿易商社と土地管理当局の間に軋轢が生じたときはいつでも、海上封鎖を強制したことからも明らかだった(Chaudhuri, 1982: 394; Das Gupta, 1970: 192)。たとえば、西洋からの金地金の流出といった通常の貿易パターンの崩壊が、南アジアでの生産にたいして深刻な影響を及ぼしたであろう(Chaudhuri, 1979: 146-47)。それからまた西洋は金地金を渇望していた東洋との取引上の強みをもっていた。アメリカ大陸の銀の支配である(Braudel,1984: 491)。

しかしながら、ヨーロッパ人がアジアの貿易世界に進入したことは、南アジア世界－経済の切断を現に加速はしたにせよ、その解体の主要因ではなかった。イルファン・ハビブが主張するように、むしろ、南アジア世界－経済の凋落の主要因は、小農的農業の破壊のうちに探求されなければならない。この破壊のための諸条件を規定していたのは、農業余剰の搾出のシステムであった。一方で、国家の歳入要求がある水準で固定化されたが、それは、小農が最小限の自分の生存維持手段をもつにすぎない状態に捨て置かれることを意味した。他方で、中央の行政機構は、その領土の大部分で歳入にたいする要求を強めるための仲介人に依存した(Habib, 1963: 271-73; 1982a: 241)。こうした仲介人は時期がくると転任することになっていたので(Habib, 1982a: 242)、かれらは短期的利得を最大限にしようと試みた。それは、小農的農業に、したがってまた帝国構造総体に、破滅的な長期的結果をもたらす戦略であった[5](Habib, 1963: 319-38; 1982a: 243; Chandra, 1972: xlvi)。

たしかに、余剰搾出の強化は南アジア商品にたいするヨーロッパの需要によって加速されたが、その結果、供給が相対的に非弾力的であった条件下では、実質価格が上昇した。近世インドの貨幣史の研究によれば、(一〇から二〇年のタイムラグが存在するとはいえ) アメリカ大陸の財宝がヨーロッパに流入したこととムガル朝インドで硬貨が鋳造されたこととの間に、刮目すべき並行関係が存在する。(6) かくして、重商主義者の言辞とは反対に、アメリカの銀が減少してはじめて、ヨーロッパは金地金の純輸出者になれたのであった (Chaudhuri, 1978a: 153-60; 1981: 239; Hasan, 1969: 93ff.; Habib, 1982b: 363-65; Gaastra, 1983: 460ff.; Brenning, 1983: 478-88; Braudel, 1984: 76, 490-91; Perlin, 1980: 239)。インドでの銀供給の増大は、インドでの価格上昇動向の反映であった (Hasan, 1969: 104-10; Habib, 1982b: 365-76; Das Gupta, 1970: 107; Brenning, 1983: 488ff)。ムガル朝インドの農業開発システムは構造的に長期の価格動向に適応可能だったので、価格水準の上昇は納税者を利さなかった。供給の相対的固定性という条件下で増大したヨーロッパの需要によって生じた価格上昇は、支配階級にたいする圧力の増大を引き起こした (Athar Ali, 1975: 386, 388; Wallerstein, 1986: PE-29)。課税水準の引き上げと領土拡張によって自分たちが陥っている金融的束縛 (皮肉なことに、たとえば軍事面での支出増大を必要とする) を緩和するようにムガル支配階級が試みたことから、農業経済の破壊と反システム運動が生じ、さらに最終的な大洪水が生じたのである。

事実上、一七〇七年のアウランゼーブの死去から、ムガル帝国は徐々に解体し始めたが、これは同時に、南アジア世界−経済の関節脱臼 (disarticulation) の過程でもあった。それは、亜大陸のさまざまな諸地帯で異なる色調を帯びた発展であり、多くのニュアンスや特異性を含んだ過程であった (Das Gupta, 1967, 1970; Arasaratnam, 1978, 1980; Watson, 1978)。しかしながら、その最終結果は、一八世紀前半における経済構造の断片化であり、その結果、南アジア世界－経済は関節脱臼化したのである。この過程は、資本主義世界－経済の拡張の躍進期と同時的に生起し、南アジア地帯を資本主義世界－経済に編入することを促進したのである（Wallerstein, 1986: PE-30)。

2　南アジア亜大陸の編入

一七五〇年から一八五〇年の間に、領土面でも商業面でも、南アジアは拡張しつつあるヨーロッパ世界システムの活力に事実上隷属していった。一方で、南アジアの政治経済はヨーロッパ世界システムへの編入にとってかわられた。かつてはそのシステムの相対的な外部にあったものが、恒久的に内部に位置するものになったといわれる。他方で、南アジアの政治経済は、その継続的な植民地化をつうじてひっくり返された。それは、一八一五年までには、ヨーロッパのシステムにおけるヘゲモニー国となったもの――つまり大英帝国――に領土面でも商業面でも依存した圏域へと転換させられた[7](Wallerstein,1986)。

伝統的な見方によれば、ムガル帝国の関節脱臼と英仏の敵対関係のために、インド亜大陸の問題にイギリス人が介入せざるを得なくなった、とされる[8]。しかし、解体しつつあるムガル帝国が生み出したのは、南アジアを植民地化する可能性にすぎなかったが、この課題は、明らかに一七五〇年以前というよりそれ以降に簡単に達成されてしまったのである。興味深いことに、(ロシア帝国、オスマン帝国、東南アジアの諸地域、アフリカ、そしてアメリカ大陸を含む）他の諸地域が、外部から強制された植民地的強力の広範な使用なしに編入されていた時期に、資本主義世界－経済への南アジアの編入は、フォーマルな植民地化の形態をとったのである。

英仏の敵対関係――ヨーロッパ人と非ヨーロッパ人という多数の諸主体をたしかに含み込んだ敵対関係――は、植民地征服の理由というより言い訳であった。ベンガル、ビハール、オリッサ、北シルカース、したがって亜大陸の残りの諸地域を最初に隷属させたことに及ぼした影響は、そのせいでわかりにくくなってしまった。そしてこのことは、フランスだけでなくイギリスの人々が南アジアにおける植民地建設に嫌気がさしていた時代に起こったのである。英仏政府発の主要な植民地計画は、一つも存在しなかった。しかし、インドは結局植民地になってしまったのだ。

南アジアにおけるイギリス人（あるいは、その問題にたいしては、フランス人とマラータ人もそうであったが）の推進力となったのは、たしかに、ムガル帝国の解体途上でその課税ベースを確保することであった。[9] 多額の金を生む租税システムをわがものとし、そうすることによって、売るための商品を確保するために金地金を輸出するのをやめて、実際に商品を購入しなくてもよくなるということは、重商主義的な喜びであった。その結果、多数の収益システムが南アジアにおいて制度化された。それぞれの新システムのもとで、換金作物と現金評価を促進し、固定地代を調整・維持し、そして何よりも東インド会社に収益を流用し再分配するにあたって、商人階層が役割を果たした。[10] ザミンダーリー制、ライーヤットワーリー制、マハルワーリー制、マハルワーリー制集落にかかわる契約上の合意は、中間指導者層（cadres）のヒエラルキーの拡張を必要としていた。そしてそのヒエラルキーは、村落共同体にたいする行政支配をともなう「土着」の公務へと編成されたが、しかし、ヨーロッパ人公務員の精鋭たちの命令に服するものとして編成された。そして、このことは、もちろんデリーからロンドンへの資金の流れを変えるさいに必要

となった場合を除けば、前植民地的官僚制の組織構造を変容させることなく、達成された。(11)

東インド会社の狙いは、つねに、アジアの輸出と国家貿易における貿易独占を確立し、拡張し、そして強化することであった(Bhattacharya, 1954; Chaudhuri, 1965, 1978a; Furber, 1965, 1976; Marshall, 1975)。一七一七年のファルマーンの承認によって、イギリスの東インド会社(そして、関連して、イギリスの「自由商人」)は、東インドで始まっていた商業的優位に向けてはっきりした道程をたどっていた。一八一三年の特許状法改正につづくいわゆる貿易自由化の時期までは、イギリス人は、非イギリス系ならびに非ヨーロッパ系の貿易商と相対しながら、亜大陸の大半でこのことを達成したのである。しかしながら、だからといって、たしかにいくつかの取引やいくつかの地域でこうしたことをかれらが行ったにせよ、東インド会社が貿易の独占によってすべての競争を一掃した、というわけではない。事実、かれらは私的な貿易商人の商業的ネットワークに依存していたし、それを維持するためにエネルギーを注ぎ込んでいた。それはただ、亜大陸やインド洋の商業的・金融的世界の大部分がイギリスの東インド会社を中心にまわるようになった、ということを意味したにすぎなかった。東インド会社の目的を、また東インド会社を名義としたイギリス「自由商人」たちの目的をさらに促進するために、植民地権力を広範に利用したわけだから、これは真空で起こったのではなかった。

南アジアにおける東インド会社の目的は、搾取と労働強制の増加であった。一八世紀の第二四半期に、産出高の激減によって、反物の商品の費用が倍増したとき、明らかに、こうした商品を確保する方法を再構築することは、東インド会社の利益にかなっていた(Chaudhuri, 1978a: 547-48; India Office Library, L/AG/1/1/20)。一七五〇年代以前は、いわゆる東インド会社の工場は、商人資本を亜大陸の内陸部に拡張するための操作基地でしかなかった。それらは、とくに反物商品において儲けはあるが限界のある貿易を獲得するという、多数の商人の意図を反映したものだった。生産諸過程の調整もなければ、外資による労働包摂の試みもなかった（Anisuzzaman, 1981; Chicherov, 1971; Chaudhuri, 1974, 1978a; Irwan, 1955-59; Irwan & Schwartz, 1966; Mitra, 1978; Mukherjee, 1974; Perlin, 1983; Shinha, 1954, 1965; Raychaudhuri & Habib, 1982a; Kumar & Desai, 1983）。一七五〇年代の初頭にこの制度は変化の兆しを見せ始めた。その大部分はベンガル地方のものだった。各工場は、多数のオーラング（aurang）を包含するように、事実上拡張されたり分散されたりした。オーラングとは、特殊なマニュファクチャー・センターないし職人集住地であり、そこで商品は卸向けに、とりわけ輸出向けに生産されていた。厳密な意味での工場の実際の立地からは大なり小なり離れて、工場監督の監視下で、各オーラングは、部下の事務員の側近とともに大番頭やゴマスタ（gomasta）によって運営されていた。織物生産のこの再調整が重要だったのは、それが前払い契約あるいはダドニ（dadni）・システムを代理人制度によって置き換え、それによって東インド会社は労働過程の調整に直接介入できるようになったからである。東インド会社の従業員や代理人によって労働にたいする直接支配を行うというこのやり方は、自分の労働時間を規制し生産物の量と特性を決定する労働者の力能を抑制した。そして、東インド会社の直接的な法的権威に服すか逃れるかを決定する労働者の力を弱めた（Hossain, 1979; Arasaratnam, 1978; Colebrook, 1807; East India Company, 1797）。その重要な帰結として、費用価格が強制的に一挙に切り下げられ、その一方で産出高が増大し、それが一七九八年にピークに達した（India Office Library, L/AG/1/1/28）。ここで付言すべきは、このシナリオの中で労働は受動的な要素ではなかった、ということである。まったく逆である。織工によって企てられた、東インド会社にたいするさまざまな闘争――反抗的な態度、仕事の拒否、サボタージュ、団結と請願、移民（Mitra, 1978: 132-49）――は、一八世紀の後半を通じて労働過程の編成と再編成の背後で進んでいた。換言すれば、東インド会社の名の下で施行された強制的な手段は、まさに労働の不服従をうけて、必然的なものとなっていた。

南アジアの実際的な編入の起源は、東インド会社の職員――つまりインドの植民地帝国の真の創設者――の活動に見いだされるべきである（Furber, 1951; Marshall, 1968, 1976; Feldbaek, 1969; Nightingale, 1970）。かれらが行ったことは、単一の包括的な制度機構という外観のもとに、商業的・領土的諸機能を一義的に統合したことであった。というのは、プラッシーの戦いに先だって、政治的利益を獲得することと、個人的な利益を追求して政治的力を利用すること、エリック・ストークスが「東インド会社の職員の側における亜帝国主義の分派運動」（Stokes, 1973: 142）と呼んだ実践は、ますますこうした山師の活動を支配するようになった。略奪、強奪、窃盗、横領、贈賄、合法であれ違法であれ、個人的な取引、要するに、東インド会社職員の臨時収入はすべて、経済的企業と植民地国家という二重の役割を東インド会社が担っていることを背景にしていた。しかしながら、これがなされたのはひとえに（国内の）所有と（海外での）経営の分離によるのであり、そのおかげで、ビジネスや国家業務の遂行上、低レベルの政策決定を行う自由を、東インド会社の職員は手にしたのだった。他方、東インドハウスから発せられる高レベルな政策意思決定を練り直したり回避したりすることができた。征服の初期、そうした職員の活動を規制する試みは惨めなほど失敗した（Hindler, 1978）。イギリス政府が、とりわけ一七八四年のインド法によって、植民地国家の機能を主張するようになってはじめて、海外の行動はもっと直接的に国内での決定によって決められるようになった。

南アジアの征服は、二重の影響をもっていた。(1) 資源の浪費が存在した。すなわち、合法であれ非合法であれ、あるいは公的であれ私的であれ、領土征服から得た収入の消費とインドからの資金の移転があった。(Datta, 1959; Sinha, 1952, 1970; Habib, 1975, 1985)。われわれは、この点の重要性について論争したり、信頼に値するデータの欠如を嘆いてもよいが、しかし事実であることに変わりはない。年貢が存在したし、富の流出が存在した。そして一八五八年まで、イギリス植民地主義の基礎そのもの――税金の徴収と再分配――は無傷のままであった。前植民地的構図からイギリス帝国への長期の移行は、完成した。(2) 亜大陸の脱工業化ならびに脱都市化もまた存在し、つまり工業的ならび農業的な商品生産の全般的な転位もまた存在した。[12] ここでもまた、経験的に納得のいくものは何もない。しかし明らかに、編入期の終焉までは、厳密な意味でのインドは、今までとはちがった国際分業に組み込まれ、(原則的にイギリスから) 工業製品を輸入し、原料を輸出したが、それは、イギリスの工業的・商業的・金融的利害にとってはきわめて有利なものだった。自律的な世界－経済から資本主義世界－経済の周辺部へのインド洋圏域の長期の移行は、かくして完成した。つまり、南アジアの政治経済の「逆行」は、歴史的現実となった。

3 イギリス領インドの限定的な工業化

直接的なイギリス支配の掌握から独立までの九〇年間に、インドの内陸部は、ますます資本主義世界

―経済の論理とリズムに結びつけられ、そしてさらに、ある国際分業とある世界大の蓄積過程の内部で周辺化された。商業的浸透は、大部分の田舎にまで及んだけれども、およそ農業生産の技術的・社会的編成を再構築することはなかった。商業作物の拡張[13]は、その大部分が世界市場向けに生産されたものだったが、食料穀物の生産性における長期の停滞と同時に起こった(Bryn, 1966; Chattopadhyay, 1973: 103; Bagchi, 1972: 92)。しかしながら、農村手工業の衰退と農業生産者の貧困化は、余所で経験された周辺化の過程とは異なっていた。他の周辺部地域と比べて例外的だったのは、植民地体制のもとで工業生産者が着実に増大したことであった。機会や費用に反応する企業家の観点からこのことを説明するのではなく(Morris, 1983)、われわれはそれを、まさに周辺化の過程とみなす。それが特殊な形態をとったのは、インド市場の再構築において植民地国家の政策が当初は成功を収め、またこれに続いて、限定的な工業化をじかに促進する政策へと移行したからである。[14]

第一次世界大戦までずっと、自由貿易政策はイギリスの商業的拡張を促進する国家介入と結びついていた。植民地国家は鉄道――ソーナーが「公的なリスクにさらされた民間企業」と呼んだもの――にたいする民間投資の収益率を保証したし、イギリス工業によって直接要求された生産物を奨励した(Harnetty, 1972: 4)。低い収入関税と国内(インドの)綿織物に対抗する国内消費税のために、ランカシャーの第一の市場(一九一四年の直前に織物総生産の三七%もの高さに達したのだが)を維持するのに役立った。イギリス輸入品にたいする圧倒的な優位(一九〇〇年から一九一四年までは六五%)は、イギリス製品の大部分の政府購入を蓄えた政府の備蓄政策によって、また、輸出入取引を組織するイギリスのエイジェンシー・ハウス(agency houses)〔インドに本拠をおき、イギリス人が所有経営する複合企業。東インド会社に保護されながら、敵対と補完の関係にあった）の独占によって、維持された（Anstey, 1952: 334）。この期間に国家は工業化を直接促進することはほとんど何もしなかったけれども、[15]工業織物の初期の成長は、商業的浸透のための計画の成功そのものに依存していた。インドの紡織工場は、一八七〇年代から、とくにボンベイの周辺で急速に拡張したが、最初は、輸出向けの編み糸生産と国内の手織りばたに集中した。こうした市場の征服は、イギリスの利害を補完し、それによって、より収益のあがるもっと細かい番手の反物を独占できたし、さらに生産を拡大できた。ジュート生産は、カルカッタ周辺にほぼ集中していたが、イギリスの公務員とインド出身の商人によって、主導され、組織され、そして支配された（Morris, 1983: 567-69）。それは、世界市場を制覇し、場合によっては、ダンディー（Dundee）のイギリス製造業者にとってかわったけれども、ジュート織物生産は、労働と原材料が最も安いところに位置するイギリス資本の出島にとどまった。その状況は、それ自体が、ベンガルの初期植民地化と周辺化の結果であった。

一八七〇年代から、インドとの植民地的関係によって、大英帝国は帝国主義間の敵対関係によって増えつづける挑戦を一部相殺することができた。イギリスの海外総投資におけるその相対的な減少にもかかわらず、インドは、その拡大はゆっくりしたものであったにせよ、安全な一大投資地域でありつづけた。[16]インドとの貿易余剰のおかげで、大英帝国は北アメリカとヨーロッパへの貿易赤字の拡大を埋め合わせることができたし、そうした地域への高率の海外投資を維持できたのであった。[17]インドにたいする大英帝国の貿易余剰には、また、同じく巨額の「貿易外収支（invisibles）」の移転が付随していた。本国費（home charges）、貸付利子、そして投資への配当金などである（Bagchi, 1983: 345）。「東洋の海におけるイギリスの兵舎」であるかのように、インド軍は割安な遠征軍として機能し、その主要な費用は、イ

国際収支（1921 − 46 年）

	1921 − 29 年	1930 − 39 年	1940 − 46 年
	（単位：10 億ルピー）		
商品取引	5.84	2.26	2.04
サービス	-6.73	-4.47	17.21
純金移動	-2.54	3.36	0.13
資本移動	3.43	-1.15	-19.38
	（単位：GNP に占めるパーセンテージ）		
商品取引	1.9	0.9	0.5
サービス	-2.1	-1.8	4.3
純金移動	-0.8	1.4	0.0
資本移動	1.1	-0.05	-4.8

ンド政府によって埋め合わされていた（Tomlinson, 1976: 106-110）。戦間期にかんしてのみ、植民地的関係の諸要素——市場、投資、貿易収支、そして戦略的配慮——は、ますます矛盾するものとなり、各要素の重要性は実質的に消滅していった。大英帝国とインドの関係におけるこうした変容は、あい継ぐ各種政策によって促進された。そうした政策は、皮肉なことに、植民地との紐帯を保持するように意図されていたが、結果的に、広範な工業セクターの成長をもたらし、洗練され、政治的に影響力をもった工業ブルジョワジーを生み出したのである。

この軌道の決定因は二つあった。世界‐経済におけるイギリスの地位低下と、インドでの政治的主権をめぐる闘争である。イギリス工業がますます競争力を失っていくということは、イギリス製造業者が自由貿易政策の単純な堅持からは利益を得つづけることができなくなった、ということを意味した。同時に、大衆を基盤とした民族運動の出現によって、国家は帝国の目標を達成するための大幅な増税をあまり実施できなかった。しかも、民族運動から生じた圧力のおかげで、インド国家はイギリス資本の直接の利害にたいしてより大きな自律性を獲得することができたし、インド人民の間の支持を深め、維持するために、国家それ自体の構造や構成を転換しようという、短期の金融的要請ならびに中期の政治的必要の両方に対応することができた。限られた工業群にたいする差別的保護政策の採用戦略は、それほど技術的に進歩していない産業の生産財市場を保護するのに役立ち、その一方で同時に、関税からの収益を確保し、インドの実業家たちの忠誠にたいする要求を——少なくともその一部を——維持するのに役だったのである。

第一次世界大戦の終戦時には、経済的崩壊とインフレーションのせいで、産業ストライキの波が一気に起こった。それは、大衆を基盤とした民族運動に結びついていたけれども、六〇年間にわたる植民地国家にたいする重大きわまる挑戦を生み出した。一九一九年の統治法改正によって、州と中央の議会にたいする制限付きの（財産ベースの）参政権を与えることを通じてインドの民意の一部を取り込もうとしたが（Tomlinson, 1976: 71）、中央政府が利用できる財源は制限された。[18] 統治法改正はまた、とくに財政問題にかんして、インド政府に帝国国家からのより大きな自律性をもたらした（Kumar, 1983）。一九二一年の財政自律法は、保護関税を実施するさいの基準を確立した。[19] 収入の必要性増大、財源の減少、そして自律性の増大に直面して、国家はますます収入関税への依存を深め、若干のイギリス製造業者は損害を被るようになった（Anstey, 1952: 628, 630）。

イギリス製品でなく国内製品を利するための、一九二五年における収入関税の引上げと政府の備蓄政策の転換とは、国内製造業の発展と新たなインド資本家階級の出現を助長するのに役だった。[20] しかし多くの国家政策は、なお、工業化の歩みを滞らせ、広範な工業を抑えつけた。[21] この観点からすれば、インド資本がイギリス資本からの強い反対に直面したのか、それとも共生的なパトロン－クライアント関係のなかでイギリス資本によって育まれたのかをめぐる論争（Chandra, 1980b）は、国家の重要な仲介的役割を看過しているように思われる（Ghosh, 1983)。つまり、インドの工業ブルジョワジーの成長は、植民地国家の支援に依存していたが、なお政策主体によって厳しく制約されていた。植民地国家への工業ブルジョワジーの支援と参加は、新たな譲歩をめざす民族主義運動における指導的役割と同様、国家とブルジョワジーの間の共生的で矛盾した関係という、本質的な原動力を反映していた。強力な階級組織の発展（たとえば、インド商工会議所連盟）や長期の経済的政治的ビジョンの発展は、階級利害を確保するために政治的論争に介入する継続的な必要から生じていた。

戦間期におけるインド政府の戦略は、インド工業を発展させることよりもむしろ、植民地的関係の本質的な基礎を守ることであった。短期的には、その政策は成功を収めた。輸入財の構成は、ゆっくりとであるが消費財から機械や原材料へとシフトしはじめた（Anstey, 1952: 626)。技術進歩がさほど進んでいない財を作っているイギリスの製造業者が国内外の競争によって置き換わっていった一方で、一九二〇年代の後半、イギリスの輸入品の価値は下がり始めた。大英帝国の貿易余剰と「貿易外収支」移転は、けっして高いものではなくなった。しかしながら、一九二〇年代後半から海外貿易は崩壊したが（一九二八年から一九三三年にかけて五四％も下落した)、それとともに収入関税は中央政府の収入を維持するために急増し、(たとえば砂糖など、イギリスや大英帝国がもはや市場の支配的なシェアを統御していない産業において）保護関税が実施され、そして原綿の輸入と織物の輸出にかんして日本との貿易拡大を管理すべく国家は踏み出した。一九三二年からイギリスの輸入にたいする特恵関税が市場でのイギリスのシェア低下をなんとか遅らせてはいたけれども、それはまたインドのイギリス向け輸出を増加させ、商品貿易における好ましいバランスを消失させたのである。こうした政策の最終結果は、巨大な戦争関連需要を利用し、周辺部で工業製品の主要輸出者として登場することのできる工業セクターの成長を支援することであった。

4 反システム運動の出現

インドにおける民族運動の登場とその最終的な成功は、おそらくインド史の中で最も研究し尽くされた側面だろう。しかし、これまでのところ、この研究の焦点はたいていその政治的軌道か、または最近ではその階級構成か、そのどちらかにのみおかれていた。今日では、一八八五年インド国民会議派が形成されてから一〇〇年たっているのだから、別の視角から――国家間システムへの潜在的に破壊的な運動をうまく吸収したものとして――、インドの民族運動をみることが適切だと思われる。事実、インドの運動――「長期」の二〇世紀において周辺部で出現した最初期の民族運動――の過激化を防止したことは、イギリス植民地化政策をどこか別のところで取り扱うさいの原型として役だった。

資本主義世界‐経済の流れに新たな圏域が従属し周辺化を深めた結果、付随して政治的過程と制度の再構築がなされた。国家間システム内部での国家構造の接合が増大し、別の選択肢を先んじて封じ、資本主義的蓄積にたいする障害を取り除き、抵抗を抑圧すること(Wallerstein, 1979)は、南アジアにとっても例外ではなかった。南アジアの経験において比較的特殊であったのは、亜大陸の政治的統一だった。

歴史的にみれば、政治的統合は通例編入を特徴づけるものではなかった。たとえば、ロシア帝国の領土的範囲は、編入中と編入後であまり変化しなかった。対照的に、オスマン帝国の編入はまさにその細分化に終わった。

亜大陸の政治的統合は、たいてい多くのインド諸州の課税ベースを自らに縛り付け、南アジアの生産諸過程を再構築することにイギリスの東インド会社が成功したことから生まれた結果であった。東インド会社による政府機能の行使によって、大部分の受禄聖職者から所有を剥奪するだけではなく、官僚採用の慣行に変化が生まれた。巨額の収入を安あがりに確保するという目的があり、加えて植民地ヘゲモニーのもとにある諸地域の規模が大きかったので「安価な植民地主義政策」は必然的なものであった。その政策とは、つまり、国家装置の従属的な役職を補充するために現地人官僚階層をつくり、かれらを訓練するための教育機関や他の付属諸機関を設立することであった。同様に、「安価な植民地主義」によって、行政機構は、植民地支配を強化するため主としてインド軍に依存せざるをえなかった（Fox, 1984: 110-11）。新しい特権的社会集団の創出と旧来の前植民地階級の没落は、地方の社会構造における広範な変化を促進した。しかし、植民地体制にとって、こうした「教育を受けた階級」が不可欠だったにせよ、その登場は、イギリスの支配を弱体化させるという脅威をもたらした。「正統の言葉は、いわば異端の言葉を含んでいたので、後者によって内側から取って代わられる」（Hopkins, Phillips, & Wallerstein, 1982: 2）。植民地支配を弱体化させる潜在的可能性は、一九世紀後半におけるその登場以降、民族運動が占めた優位のなかに示されることになった。

しかしながら、民族運動は「西洋流の教育を受けたインド人」だけに依存していたわけではない（Seal,

1968)。南アジア世界－経済の間接脱臼の基本的一面は、地域の自己充足性が破壊されたことであり、それは特化した農業の勃興を反映するものであった（Habib, 1963: 56; Sovani, 1954: 868; Wallerstein, 1986: PE-30)。これが意味していたのは、こうした特化した諸圏域――綿花、インディゴ、アヘン、砂糖、後になって紅茶、コーヒー、他のあまり重要でない作物を生産していた――が、その生産物市場と必需品確保のために中核部に依存しているということである。生産諸過程や直接的生産関係におけるこうした構造的変容は、既存の忠誠心、アイデンティティ、信念体系を弱体化し、粉砕したが、そこには、「家族、地域共同体、あるいは宗教的組織からの忠誠心の移転も含まれる」(Strayer, 1970: 6)。かくして、民族運動の社会的基盤が創出されたのであり、植民地インテリゲンチャは時としてこれを動員しえたのである。

しかし、この潜在的な社会基盤の異種混交性そのものは、効果的な動員をかけるさいに大きな問題を引き起こした。というのは、とくに初期の民族主義者の場合、その成員資格がほとんどもっぱら「教育を受けた都市のインド人」に限られてしまったために、かれらは、人口のうちのきわめて小さい部分でしかなかったからである（Chandra, 1979: 82)。したがって、植民地のインテリゲンチャはプロパガンダによって、インド人民を一つの国民へとまとめようとした。その主たる原動力は、中低級層向けの現地新聞であった。また、インド国民会議派は「超階級的」で世俗的な組織として設立されたので、地域、宗教、社会階級とはかかわりなく、その政治プログラムは全インド人に受け入れられた。こうした「超階級的」な性格を採用したので、国民会議派によって利用可能な闘争方法や、そして政治組織・政治的動員の形態は大きく制約されたが、それが意味したのは、闘争は流血をさけ平和的なものでなければならず、また同時に、闘争は一般的に「教育を受けた階級」に限定されなければならない、ということである。その必然的結果として、国民会議派は、イギリス支配の革命的転覆によってでなく、むしろ説得と圧力によって政治的変化を追求しようとした（Bhattacharya, 1979; Chandra, 1969a, 1979）。

しかしながら、こうした政治形態を採用すれば、植民地インドの主要な社会諸階級からほぼまちがいなく孤立するだろうということを、インド国民会議派は予期していた。農業債務と土地の不平等分配というきわめて重大な問題を無視したので、国民会議派は、その旗の下に小農民やその他の農村小耕作者を結集することができなかった。経済的不平等の問題と植民地階級構造の本質に取り組もうとしなかったことは、さらに、国民会議が相対的に小規模の都市労働者の関心をひくことができなかったことを意味する。結局、重要な大衆的基盤をもたなかったので、国民会議派は、インドにたいするイギリスの支配がもたらした不利な結果にかんしてしばしば鋭い分析を加えたにもかかわらず、そしてスワデーシーやボイコットのための精力的なキャンペーンにもかかわらず、ブルジョワジーにまったくアピールしなかったのである。

かくして、過激派の言辞を弄してはいたものの、国民会議派は、農業危機によって大衆的な農村暴動が勃発した第一次世界大戦の終戦時までは、都市中流階級に限定されたままであった（Chandra, 1979; Fox, 1984; Tomlinson, 1979）。ガンディー指導下の国民会議派が、こうした戦闘的運動を階級調和と経済的ナショナリズムのイデオロギーのもとに従属させたことは、近代史において大いに注目すべき政治的功績の一つである。ガンディーのプログラムは植民地的階級構造を脅やかすことなく植民地支配にたいする人民の反対を動員するのに成功したのだが、そのプログラムの核心的要素は、非暴力、信託財産観

(property as trusteeship)、そしてスワデーシーの概念であり、すべては伝統的宗教——とくにヒンドゥー——の象徴体系の助けを借りて伝えられることが多かった。

この戦略の最も重要な側面は、社会的自主管理の別の機関を生み出すことなしに、大衆を動員するその能力であった[22](Chandra, 1979: 81)。これによって、その戦略は、インドの工業ブルジョワジー——かれらは一九二〇年代後半までに事実上国民会議派を支持し始めた——の利害に役立つとひたすらみなされたのである(Chandra, 1969a, 1979; Tomlinson, 1976)。ブルジョワジーの財政的支援のおかげで、国民会議派は亜大陸の最奥地の村までそのメッセージを伝えることができた。こうして、国民会議派は従属的諸階級の意向をくみ取ることができたのであり、それら諸階級は、自分たちに直接かかわる切迫した利害に着手されずにいる場合ですら、国民会議派のイメージに徐々に一体感をもつことができたのである。

それではなぜ小農民、労働者、都市貧困層は、国民会議派——革命的行動を積極的にいさめた政治組織——のヘゲモニーを受け入れたのであろうか。その一つの理由として、とくに一九二〇年代初頭に共産主義者やその他の左翼集団を弾圧した後に、国民会議派が非公式のあらゆる伝達経路のうえに行使した、効果的な支配があったことはたしかである。これが意味したのは、国民会議派の関与なしには、大衆運動は粉砕され、そうして植民地国家の武力によって容易に弾圧された、ということである。一方で、ガンディーは、狡猾な政治家であったので、二、三のかなり象徴的な事例(たとえばチャンパランにおける藍小作人の争議)を選び、闘争のなかでうまく宣伝し、それらを支持した。もちろん、大衆運動にたいして国民会議派が一般的なヘゲモニーを行使していたにもかかわらず、大衆運動はときに、また地域によっては、完全に国民会議派から独立して機能したり(Sarkar, 1973: 515-6)、あるいは独立の組織を守りつつも国民会議派と共同で行動したりした（Pandey, 1978: 217）。結局、国民会議派の社会主義会派が相対的に成功を収めたマラバルのようないくつかの地域においては、会議派そのものが反植民地闘争や反地主闘争を統合し、ある程度成功を収めたのであった（Gopalankutty, 1981）。

それにもかかわらず、国民会議派がインド人民のうちで声高だったがとるにたりない部分を代表している組織から、広い支持を集める組織へと変容したことは、大変に重要なことであった。会議派は、圧力と妥協の戦術——イギリスの協力に依存する戦術——を追求し続けたけれども（Chandra, 1979）、とりわけ世界－経済におけるイギリスの地位低下という背景においては、こうした大衆的基盤の獲得は、力のバランスを変化させた。一方で、大衆的社会動乱の遍在という脅威のために、イギリス人は国民会議派と真剣に交渉せざるを得なかった。他方で、民族運動の過激化を回避する必要があったために、植民地国家は、イギリス資本の直接の利害からかなりの自律性を認められた。

イギリス人からの譲歩を勝ち取る過程は、グローバル・ヘゲモニーの地位にのぼり植民地市場の獲得を熱望しているアメリカから強い支持を得た運動でもあったが、その結果、周知のとおり、インドの独立が達成された。インドの国民会議派が追求し成功した中庸の道は、周辺部のどこか別の場所——一番顕著なのはアフリカで——出現しつつあった民族運動に一つのモデルを提供することになった。このようにして、イギリスの植民地当局は、当初、自分たちの支配を維持するための「安全弁」として国民会議派の形成を奨励したけれども（Desai, 1981: 318-19）、ポスト一九四五年期の根本的に変化したグローバルな背景のもとにあっては、国家間システムを安定化させるために、インドの独立を容認したのであった。

5　イスラム排他主義とインドの分割

国民会議派は、民族独立という目標を達成したけれども、南アジア亜大陸は二つの独立国家に分割された。一方で、分割の主唱者たちはヒンドゥー教徒とイスラム教徒は二つの異なる「国民」を構成すると論じてきた。その理由は、あるいはイスラム教がある独自の生活様式を支持しているということであったり（Qureshi, 1965; Hamid, 1965）、あるいはインドにおけるヒンドゥー教徒とイスラム教徒が歴史的に独立した存在として進化してきたということであったりした（Malik, 1963）。他方で、インドの民族主義者が繰り返し主張したことによれば、亜大陸の分割の責任は、植民地国家とイスラム貴族政治にあった。

インドにおけるヒンドゥー教徒とイスラム教徒が異なる文化的アイデンティティをもっているというのはたしかに事実であるが、同化の過程が数世紀にわたって生じたのもまた事実である（Mukherjee,1974）。事実、インドの脱植民地化は、まさにその分割のゆえに例外的なものだった。多くの他の植民地――たとえばナイジェリア――には、異なるアイデンティティをもつ二つないしそれ以上の宗教集団があったが、分割というつらい試練を経験することはなかった。それではなぜ余所での分離主義的運動とはきわめて対照的に、インドにおいてイスラム分離主義が成功を収めたのであろうか？

われわれが強く主張するとおり、資本主義世界－経済のある特定の状況にあって、三つの要因――インドにおけるイギリスの植民地政策、国民会議派の政策、そしてイスラム教徒エリートの政策――の組み合わせによって、パキスタン運動の成功は説明できる。イスラム教徒エリートは、亜大陸の大部分で支配階層であったが、優秀なエリートの自己意識を注意深く育み、また格別の特権を執拗に要求してきた（Hardy, 1972）。かれらは、植民地支配にたいする小農の不満を先導したのだが、そうした能力は、インド独立戦争の間に明らかになった。ただ「セポイの反乱」だったというまさにその理由で、それは小農の反乱だった（Mukherjee, 1974）。とくにベンガルや連合州で、地主や専門家のイスラム教エリートを吸収し、自分たちの支配にたいするさらなる抵抗をうち倒そうとする努力のなかで、イギリス人たちは、かれらに別のアイデンティティを主張するよう後押しした（Graham, 1974; Robinson, 1974）。植民地当局は、インド北部で起こり、知的・政治的活動の中心地となったアリーガル運動を育成した（Hardy, 1972）。後にイギリス人たちは、初期民族運動に直面したけれども、一九〇九年のインド参事会法改正によって独立の選挙民としてイスラム教徒を認めることによって、それを弱体化しようとした。その原則は、一九一九年と三五年のインド統治法改正によって後年拡張された（Gankovsky, 1964）。

国民会議派の指導者とくに穏健派は、大衆動員の必要と大衆運動にたいする支配の喪失への恐れとの間で身動きがとれず、イスラム教エリートとの和解もまた追求した。こうして、一九一六年に、国民会議派は、かれらの要求を受け入れて、イスラム教指導者との同盟が民族主義運動を強化することを望んだ。同様に、一九二〇年代と一九三〇年代の交渉（たとえばデリー提案、ネルー報告、ジンナーの一四条、円卓会議）で、係争点は特権をイスラム教徒に認めるかどうかではなくて、その特権の範囲をどこまで認めるかにあった。ヒンドゥー多数派の指導者がイスラムの少数派に特別な地位を承認することによって、かれらとの同盟を希望しえたことは、特筆すべきことである。

しかしながら、一九三〇年代、一九四〇年代になってはじめて、イスラム分離派運動は大恐慌と第二次世界大戦の衝撃をうけて登場し、異常に強力となった。一九三〇年代までに、資本蓄積過程は、インドにおいて質的に新しい段階に到達した。相対的に進歩した経済段階があるとすれば、不均等発展の影響が以前よりも強く感じられた。また、労働者階級の数が増大し、大恐慌の影響で貧困化に直面するにつれて、大衆動員の可能性が高まり、その結果、闘争は潜在的にいっそう必然的なものとなった。それというのもなによりこうした闘争への参加者は、ヒンドゥー・ブルジョワジーやイスラム・ブルジョワジーの資力に富むメンバーであったからである。出現しつつあった現地ブルジョワジーは共同体の争いを扇動するさいに一定の役割を果たしえた。ヒンドゥー資本家はインド西部のイスラム資本家よりも裕福な暮らしぶりであることに気づいて、イスラム教徒の商人や工業家は「分離主義的」な解決法を模索した。ボンベイのイスラム教徒の工場主が破産訴訟に直面し、プチブルジョワジー（とくにマルワリスのそれ）が大挙して織物産業の株主になり始めた一九三〇年代に、この「分離主義的」な傾向は出現した（Gordon, 1978: 50)。イスラム教徒の工業家が地元にたいして有していた政治権力はまた、民族運動に対応して新しいより民主的な方法、――つまりボンベイ会社（the Bombay Corporation）における特別な特権を脅威にさらす方法――がイギリスによって導入されたときに、脅威にさらされた（Gordon, 1978: 36)。したがって、一九三〇年代と四〇年代に、イスラム教徒がヒンドゥー教徒に経済的に後れをとっているという理論がこうしたイスラム教エリートの不満分子たちによって広く受け入れられたとしても、それは驚くべきことではない（Smith, 1946; Carsey, 1947）。

事実、チャウドリ（Chaudhuri, 1968）が考察したとおり、イスラム教徒が抱いていた経済的剥奪状態の恐怖は、現実に根ざすものであったけれども、国民会議派首脳部はこうした恐怖心を無視し、それを時代遅れのもの（medieval）とみなしたのであった。他方で、パンジャブや連合州、ビハールやシンドにおけるイスラムの地主エリートは、世界－経済へのインドの参加が増したことから大きな利益を得ていた。ベンガルの農民富裕層もまたそうであった。インドにおけるイスラム教徒の経済的剥奪状態は主に次の集団に限られていた。すなわち、（1）ヒンドゥー教徒の地主あるいは資本家のもとで働くイスラム教徒の小農や労働者、（2）イスラム教徒の都市インテリや専門家階級、（3）イスラム教徒の商工業家階級である。こうした集団が一九四〇年代に分離主義の思想を受容していった理由には二つある。第一に、大恐慌をきっかけにして、小農と労働者が広く貧困化し、専門家階級間での競争が激化したからである。第二に、第一次世界大戦後にインドの工業化が徐々に進展した結果、一九三〇年代後半から一九四〇年代初頭にかけて、ヒンドゥー教徒とイスラム教徒の商工業家ブルジョワジー間の格差が顕著になったからである。パキスタン運動におけるイスラム教徒の商工業ブルジョワジーたちの参加があってはじめて、国民会議派にたいする政治的闘争を遂行するのに必要な資金がパキスタン運動にもたらされた（Papanek, 1972）。今度はパキスタン運動の側が、国民的規模で、特殊にイスラム的な諸組織――たとえばイスラム商業会議所、イスラム教徒所有の銀行・保険会社・航空会社など――を発展させるのに役だった（Ispahani, 1966）。イスラム同盟とイスラム教企業家の側におけるこの「国民建設」活動がこのとき可能になったのは、大恐慌と世界大戦によって、新たな投資機会が生まれたからである。こうして、資本家階級とプロレタリアート階級への展開過程が加速し、それがひるがえって、パキスタン運動の建設と強化のための条件をつくっていった。

分離主義運動は珍しいものではない。珍しいのは、それが成功したことである。その珍しい現象がなぜインドで起こったのか。イギリス人がインドを分割する手助けをしたという、インドの民族主義者がふつう抱いている主張にわれわれは与しない。せいぜいイギリス人は躊躇を表明したにすぎない（たしかに、それがイスラム教分離主義者を勇気づけた節はあったにせよ）。一方で、その地域を管理する方法として、何人かの政府関係者は「分断化」(balkanization) の意義を認識していた。他方で、その分断化が不安定さをもたらすのではないかという懸念を抱いていた[23]。この態度は、イギリス人が北西国境州の分離に前向きでないときに、明らかとなった (Khan, 1969)。さらに、イギリス人はインド・ブルジョワジーの協力を欲していたが (Mukerjee, 1962)、この階級が分断化に反対だったのも知っていた。

われわれの仮説は、一九四〇年代におけるインド政治の分断化の恐れが亜大陸の分割に決定的だった、というものである。イギリス人はインド政治がますます過激化していくのに警戒心を抱いており、できる限り速やかに事態を収束させたいと考えていた。とくに第二次世界大戦後に、大英帝国は、長期の高価な植民地戦争をやり抜く余裕がなかったからである。国民会議派首脳部が庶民にたいする統制を失いつつあったという十分な証拠もあった (Murkejee, 1962; Singh, 1975; Thorner, 1980)。一九三〇年代半ば以降、国民会議派内の過激な傾向は、多くの保守派指導者にとって関心の源であった。労働者と小農の反乱の他に、軍内部での反乱もあった。社会革命を回避するために、国民会議派は国家権力の制御を必要としていた。手遅れになる前にこれを実施する唯一の方法は、イスラム分離主義者の要求に妥協することであった。周知のとおり、その結果がインド分割だったのである。

（原田太津男訳）

＊　本稿の草稿は、一九八五年一一月一―三日にウィスコンシン州マジソンで開催された第一四回南アジア年次大会で発表された。本大会の参加者、とりわけコメントと提案を寄せてくれたSugata Bose, Nicholas Dirks, Robert Frykenber, David Ludden, そしてDavid Washbrookには感謝したい。われわれが最も感謝しているのは、Immanuel Wallersteinである。かれは、南アジア史をこのように改めて概念化する、われわれの共同作業のどの段階においても、たいへん寛容な態度で励ましと支援をあたえてくれたからだ。本稿をつうじて、特別な共同研究のための提案とまではいかないにせよ、南アジア史にかんする論点の概要が明らかになれば、と望んでいる。

註

（1）編入と周辺化の概念については、Wallerstein（1979, 1980）をみよ。

（2）Harbans Mukhia（1981: 292）の考察によると、デリー・スルタン朝の制度は、搾出された余剰の量を増大させなかった。それはおそらく正しいだろう。しかしながら、当時なされていた収入要求の変化の重要性は、それが「余剰への単一の要求［にむけて］『きわめて多数の税と課税』を中世以前のやりかたでまとめること」に集約されたことであった。

（3）ヴィジャヤナガル王国における同様の構造については、Plat（1986a, 1986b）をみよ。ムガル帝国については、Habib（1963, 1969）とRichards（1975: 21）をみよ。ハビブの推測では、デリー・スルタン朝とムガル帝国のもとで土地収益として搾出された余剰は、生産の二分の一から三分の一に及んでいた（Habib, 1963: 190-230; 1969: 38; 1983: 27）。一方、Chaudhuriの推測では、平均収益として農業余剰の三分の一をムガル帝国は搾出した（1978: 81）。研究はさほど進んでいないが、資料によると、ヴィジャヤナガル王国においては、農業産出高の四分の一から四分の三にまで広がっていた（Plat, 1986a, 1986b）。南部においては生存維持の必要条件が低かったために、北部より南部インドのほうが、おそらく余剰搾出率が高かったようだ、とHabibは認めているように思われる（1969: 35-36）。

（4）Furberは事実こう論じている。「イギリスや他のヨーロッパ諸国の重商主義的な航海諸立法がそれを阻止しなかったならば、一方におけるインドと他方における西アフリカとカリブ海諸国との間で、インドの綿反物商品における活発な直接取引が存在したことだろう」(1965: 12, ただし Wallerstein, 1986: PE-34, n. 14からの引用)。

(5) 余剰搾出の効率が向上した結果、小農農業の破壊が進んだとする Habib の議論と、ムガル帝国の衰退が余剰搾出の非効率から生じたとみる Satish Chandra の主張の間に矛盾が存在していると、Athar Ali (1975: 385) は考えている。しかし、Immanuel Wallerstein が最近指摘したところによると、これら二つの議論は、Habib が述べた過程から Chandra が描いた状況が生まれたとみなせば、両立不可能な議論ではない、という (1985: 9)。

(6) アクバルの時代以来、ムガル朝の鋳造はルピー銀貨が基本であった。この鋳造が「自由」だったので、鋳貨の量の変化は銀供給の増加を反映していた。このことが重要なのは、インドには銀鉱山がほとんど存在しなかったからである (Habib, 1982b: 363)。たとえばスペインへのアメリカ銀の輸入は一五六六—八〇年にピークを迎えるが、それは一五七六—八〇年にかけてムガル帝国での鋳造が増大したことの反映であった。同様に、一五七一—七五年のスペインの財貨輸入減少は、一五八一—八五年に鋳造されたルピー銀貨の下落と軌を一にしていた。スペインへのアメリカ銀の輸入とムガル帝国の鋳貨産出高の間にあるこの対応パターン (一〇—二〇年の時期のズレはあるにしても) は、少なくとも一六五〇年頃までは続いた。実際のところ、この時期にみられる二つの数値の間の不一致は、一六五六—六〇年に現れる。当時、ムガル帝国鋳貨の緩やかな増大が、スペインへのアメリカ銀の輸入減少と同時に生じたのであった。インドにおける鋳貨ならびにアメリカ財貨の輸入の棒グラフが著しい収斂をみせたという点は、Hasan (1969) によって検討された。彼女の研究は、主要な所蔵館の貨幣数計算にもとづいている。ムガル帝国の銀貨の産出高と価格については、Prakash と Kurishnamurthy (1970)、Deyell (1976)、Habib (1982b: 346, n. 1)、そして Hasan (1970) をみよ。

(7) Habib (1985) が『ケンブリッジ経済史』第二巻の編者を非難したのと同様、われわれがここで付言しておくべきは、「植民地主義の理解なしに」南アジアを研究していこうとしているのではないということである。「植民地主義の諸段階」と植民地国家の本質にかんする有益な議論としては、Chandra (1980a) をみよ。

（8）この見方にかんする古典的な記述は、H. H. Dodwell、S. C. Hill、P. E. Robertsの寄稿による、『ケンブリッジ・イギリス領インド経済史』（1929）に見いだせる。Marshall（1975）もみよ。

（9）Eric Stokes（1973：144）はこのことをとらえて以下のように述べている。「イギリスの意図を示す証拠によると、崩壊した現地の収入システムにたいして秩序と規制を生み出そうという試みが何よりもまず明らかとなる。これが、亜大陸のあらゆる人口過密地域において、驚くべきはやさで直接行政的な責任をとり、保護領制度による間接的な支配を放棄した本当の理由である」。Irfan Habib（1975：26）は、一七九三年の永代ザミンダーリー制の本質を論じるさいに、以下のように同意している。「征服者の利益の源泉は、商業にあるのではなく、土地収益システムにある。土地収益の極大化は、利潤の極大化にとって必要不可欠なものだった。これがあってはじめて、ベンガルのザミンダーリーにたいする情け容赦のない圧力が発生し、最高値を付けた入札者に競り落とされる、一時的に収益を生む農場のシステムが生まれた」。さらにHabib（1985：58）はこう述べている。「『一七五七年の革命』の狙いと目的は、『伝統的な経路』を一気に崩壊させ、見返りに何の財貨も輸出することなしにイギリスがインドの商品を獲得できるようになることであった」。

（10）たしかに、どの新しいシステムも、各地域、地区、地方に存在する一連の特殊な構造に適応していくことが必要であった（Baden-Powell, 1892, 1896, 1913；Stokes, 1959；Frykenberg, 1969, 1977；Kumar & Desai, 1983）。しかしながら、われわれは、さまざまなシステム間に存在する重要な共通点を強調するべきだと考える。どの新しいシステムも、地域レベルでのあらゆる多様性のなかにあったが、より広い構図の一部として理解される必要がある（Adas, 1977：100-02）。

（11）地租が収入の最大部分を形成したけれども、東インド会社の財務にたいする関税システムの分担金もまた、一七七三年にイギリス領インドで一連の税関と下位の審査所の編成とともに制度化され、相当な割合に達していた（Trevelyan, 1835；Bannerjee, 1964）。

（12）脱工業化論争については、二つの重要な研究を中心にした著作をみよ。一つは、Morris（1969a）によるものであり、これにたいする反論としては、Chandra（1969b）、Matsui（1969）、Raychaudhuri（1969）、さらに再反論としてMorris（1969b）がある。もう一つは、ポスト一八五〇年の時期について適切なものであるが、Thorner（1962）がある。これは、Chattopadhyay（1975）、Krishnamurthy（1967）と比較検討されるべきである。またBagchi（1976a, 1976b, 1976c）、Vicziany（1979）もみよ。

（13）農業の趨勢にかんする証拠は、この時期の後半に集中している。一九〇〇年から一九四〇年にかけて全耕作地の二〇％から二三・五％にまで、商業作物は増大した。総作物価値にしめるそのシェアは、二六・六％から三三・九％にまで増加した（Bagchi, 1972：95）。

（14）一九〇〇年から一九四〇年までの商業作物の総価値（一八〇億八五〇〇万ルピー）（Bagchi, 1972：95）を一八九九年から一九三九年までの特定の農業輸出品（原料、ジュート、紅茶、油料種子、そしてアヘン）の価値（七〇億七六〇〇万ルピー）（Anstey, 1952：624）を比較すると、これらの作物が輸出された程度にかんする概算の推定値（少なくとも四一％）がえられる。もちろん、BagchiとAnsteyはさまざまな五年刻みの基礎資料を用いているように（一九二〇―二五年 対 一九一九―二四年）、この推計はラフな概算にすぎない。

（15）鉄鋼生産の促進は、主に戦略的な配慮から例外だった。もちろん、これですら第一次世界大戦の前夜まではうまく進展しなかったのだが。

（16）大半のイギリスの投資資金は、インド政府にたいする貸し付けの形態でロンドン市場で調達されたか、インド鉄道への投資かのどちらかであった。投資源でなくなってきたのは、（たいてい一定数の）プランテーション（紅茶やインディゴ）、鉱山（炭坑）、工場（ジュートや綿織物）、輸送サービス、あるいは銀行を所有したり経営したりしていたイギリスのエイジェンシー・ハウスだった。一九一一年に、紅茶プランテーションの八七・七％を、コーヒー・プランテーションの八三％、インディゴ・プランテーションの九二・九％、そして炭坑の三五％を、ヨーロッパ人（圧倒的にイギリス人）が所有していた。これは工場総数からすればほんのわずかな比率（七％以下）にすぎなかったが、ヨーロッパ人は六〇の紡織工場も所有していた。同年に、ヨーロッパ大商社はインド人所有の工業企業のうち多数（五八％）を経営していた（Bagchi, 1972：183）。

(17) インドは、多角的貿易パターンのなかで中心的な役割を果たし、イギリスの貿易収支に貢献した。たとえば、一九一三年に、イギリスの貿易赤字の四〇%はインドとの有利な収支によって埋め合わせられていた (Thomlinson, 1976: 7: Brown, 1970: 84-85)。しかしながら、この余剰は戦間期にかなりの程度消滅してしまった (Goldsmith, 1982: 76をみよ)。

(18) 土地からの収益、灌漑、消費税、そして印紙税からの収入は、地方政府、公衆衛生、教育、そして産業政策や労働政策に責任をもつ州政府に与えられた。

(19) 三つの公式が保護基準となった。つまり、それは、(1) 工業は自然の優位をもつべきであり、(2) 保護関税の助けがなければ、工業はまったく発展しないか、望ましい速度では発展しないだろう、そして (3) 工業は時として世界的競争に対処できるものでなければならない、というものであった。これらの公式は、五つのインド人委員会メンバーから満場一致で反対された。かれらは、無条件の保護を好んだのである。異議申し立ての覚え書きの中で、かれらは「この基準は工業化の進歩を減じるように計算された厳格な条件付けや但書きによって、骨抜きにされねばならない」(Wagle, 1976: 6)。一九二三年から一九三九年にかけて、特定の工業のために、五一の関税委員会がその場しのぎで組織された。だが、鉄と鉄鋼、綿織物、砂糖、紙と紙パルプ、塩、養蚕業、塩化マグネシウム、そして金糸だけは、さまざまなレベルの保護を認められた (Desai, 1970: 6)。

(20) 一九一四年から一九四七年にかけて、鉄や鉄鋼、セメント、石油、製糖所といった新しい産業は、払込済み資本で五〇〇%成長した。その一方で、銀行業、紅茶、コーヒー、石炭、そして保険業といった古い産業はわずか二一九%しか成長しなかった。イギリスの投資は、古い産業 (ジュート工場、紅茶プランテーション) のほうに集中してきたので、製造業のより急速な成長分野に移行するのに失敗した。一九一四年から一九四七年にかけて、ルピー企業の株式資本が六三九%成長した一方で、インドのスターリング企業は二五七%成長したにすぎない (Ray, 1979: 42)。

(21) 第一次世界大戦のあとで、国家が過大評価されたルピーを固定した結果、海外の製造業者の再参入が進み、国内企業に取って代わった (Thomlinson, 1979: 68-71)。国家はただ、長期的な工業発展にとって不可欠な制度をしぶしぶ確立したにすぎず（たとえば、通貨や信用を管理する中央銀行は一九三五年までは設立されなかった）、第二次世界大戦中ですら、重工業や軍需産業は支援を受けないままであった。

（22）ガンディーは、「［そのボイコットの代わりに］学校や大学、警察裁判所（police *thanas*［courts］）、クチェリー（*kutcheries*）［たんなるボイコットよりむしろ別の公正な裁判所を創設すること］、そして他の政府関係機関、または外国企業・銀行・工場の平和的な占拠といった、あるいは軍の平和的な非武装化といった、ありとあらゆる積極的な革命的行動」を回避した（Chandra, 1979：81）。

（23）一九四〇年代のインドへのイギリスの使節（クリップス使節、内閣使節団）は、インド領土の統一性を維持していく解決案をもちかけようと取り組んだ。しかしながら、イギリスの内閣は、一九四七年四月のマウントバトン裁定の大筋を承認したさいに、二つ以上の地域国家が誕生するのを目にできれば喜ばしいし、イギリスは、これらのうち望むだけの国と防衛協定を取り結ぶだろう、とほのめかした。

Trevelyan, Charles (1835) *Report upon the Indian Customs and Town Duties of the Bengal Presidency.* Calcutta : Baptist Mission Press.

Vicziany, Marika (1979). "The Deindustrialization of India in the Nineteenth Century : A Methodological Critique of Amiya Kumar Bagchi," *Indian Economic and Social History Review*, XVI, 2, Apr. -June, 105-46.

Wagle, D. M. (1976) "The Impact of Tariff Protection on Indian Industrial Growth. 1918-1939: With Special Reference to the Steel, Cotton Mill and Sugar Industries," unpubl. Ph. D. diss., Cambridge Univ.

Wallerstein, Immanuel (1979). "Incorporation and Peripherization: Two Concepts as a Framework of Analysis," *Research Bulletin on Southern Africa and the World-Economy.* Mimeo., Fernand Braudel Center, Aug. 2-5.

Wallerstein, Immanuel (1974). *The Modern World System,* I, *Capitalist Agriculture and the Origins of the European World-Economy in the Sixteenth Century.* New York : Academic Press. (川北稔訳『近代世界システムI・II』岩波書店、1981年)。

Wallerstein, Immanuel (1986). " The Incorporation of the Indian Subcontinent into the Capitalist World-Economy," *Economic and Political Weekly*, XXI, 4, *Review of Political Economy*, Jan. 25, PE-28-PE-39.

Watson, I. Bruce (1978). "Between the Devil and the Deep Blue Sea : Commercial Altenatives in India, 1700-1760," *South Asia*, N. S., I, 2, Sept., 54-64.

Raychaudhuri, Tanan (1962). *Jan Company in Coromandel, 1605-1690*, Verhande-Lingen van het Koninklijk Instituut voor Taal-, en Volkenkund, XXXVIII. 'S-Gravenhage: Martinus Nijhoff.

Raychaudhuri, Tapan (1966). Bengal Under Akbar and Jahangir : *An Introductory Study in Social History*. Delhi : Munshiram Manoharlal.

Raychaudhuri, Tapan (1969). "A Reinterpretation of Nineteenth Century Indian Economic Hisory," in M. D. Morris, et al., eds., *Indian Economy in the Nineteenth Century: A Symposium*. Delhi : Indian Economic and Social Hisotry Association, 77-100.

Raychaudhuri, Tapan & Habib, Irfan, eds. (1982a). *The Economic History of India*, I, c. 1200-c. 1700. Cambridge : Cambridge Univ. Press, ix-xvi.

Richaeds, J. F. (1975). *Mughal Administration in Golconda. Oxford*: Clarendon.

Robinson, Francis (1974). *Separatism Among Indian Muslims : the Politics of the United Provinces' Muslims, 1860-1923*. New York : Cambridge Univ. Press.

Sarkar, Sumit (1973) *The Swadeshi Movement in Bengal, 1903-1908*. Delhi: Oxford Univ. Press

Seal, Anil (1968) *The Emergence Of Indian Nationalism : Competition and Collaboration in the Late 19th Century*. Cambridge Univ. Press

Singh,Ayodhya (1975) *India's National Movement: A Short Account*.Calcutta: Ravindra Publications.

Sinha, Narendra K. (1952) "Drain of Wealth from Bengal in the Second Half of the Eighteenth Century," *Bengal Past and Present*, LXXI, 34-43.

Sinha, Narendra K. (1954) "East India Company's Investment Policy in the Eighteenth Century," *Bengal Past and Present*, LXXIII, Jan. -June. 25-44.

Sinha, Narendra K. (1965) *The Economic History of Bengal, I, From Plassey to Permanent Settlement*. Calcutta : Firma K. L. Mukhopadhyay.

Sinha, Narendra K. (1970) *The Economic History of Bengal*, III, 1793-1838. Calcutta : Firma K. L. Mukhopadhyay.

Smith W. Cantwell (1979) *Modern Islam in India: A Social Analysis*. New Delhi: Usha Publications.

Sovani, N. V. (1954). "British Imports in India Before 1850-57," *Cahiers d'histoire Mondiale*, I, 4, avr., 857-82.

Stein, Burton (1982). "The South," in T. Raychaudhuri & I. Habib, eds., *The Cambridge Economic History of India, I, c. 1200-c. 1750*. Cambridge Univ. Press, 203-13.

Stokes, Eric (1959) *The English Utilitarians and India*. Oxford Univ. Press.

Stokes, Eric (1973) "The First Century of British Colonial Rule in India : Social Revolution or Social Stagnaton?" *Past and Present*, No. 58. Feb., 136-60.

Strayer, Joseph (1970) *On the Medieval Origins of the State*, Princeton, N. J.: Princeton Univ. Press.

Thorner, Daniel (1962). "De-Industrialization in India, 1881-1931," in Daniel Thorner & Alice Thorner, eds., *Land Labour in India*. Bombay : Asia Publishing House.

Thorner, Daniel (1980). *The Shaping of Modern India*, New Delhi : Allied Publishers.

Tomlinson, B. R. (1976a) *The Indian National Congress and the Raj. 1929-1942: The Penulimate Phase*. London : Macmillan.

Tomlinson, B. R. (1976b) "India and the British Empire : 1935-46," *India Economic and Social History Review*, XIII, 3, July-Sept., 331-52.

Tomlinson, B. R. (1979) *The Political Economy of the Raj, 1914-1947*. London : Macmillan.

terpretation'," in M. D. Morris, et al., *Indian Economic in the Nineteenth Century*: A Symposium. Delhi : Indian Economic and Social History Association, 17-33.

Mitra, Debendra Bijoy (1978). *The Cotton Weavers of Bengal*, 1757-1833. Calcutta : Firma K. L. Mukhopadyay.

Morris, Morris David (1969a). "Towards a Reinterpretation of Nineteenth Century Indian Economic History," in M. D. Morris, et al., eds., *Indian Economy in the Nineteenth Century* : A Symposium. Delhi : Indian Economic and Social History Association, 1-15.

Morris, Morris David (1969b). "Trends and Tendencies in Indian Economic History," in M. D. Morris, ed al., eds., *Indian Economy in the Nineteenth Century : A Symposium.* Delhi : Indian Econommic and Social History Association, 101-70.

Morris, Morris David (1983). "The Growth of Large-Scale Industry to 1947," in D. Kumar & M. Desai, eds., *The Cambridge Economic History of India*, II, c. 1757-c. 1970. Cambridge : Cambridge Univ. Press, 553-676.

Mukerjee, Hirendranath (1962). *Indias Struggle for Freedom.* Calcutta :
National Book Agency.

Mukherjee, Ramkrishna (1974). The Rise and Fall of the East India Company : *A Sociological Appraisal.* New York : Monthly Review Press.

Mukherjee, Rudrangshu (1984)., *Awadh in Revolt1857-1858 : A Study of Popular Resistance.* Delhi : Oxford Univ. Press.

Mukhia, Harbans (1981). "Was There Feudalism in India History?" *Journal of Peasant Studies*, VIII, 3, Apr. 273-310.

Nightingale, Pamela (1970). *Trade and Empire in Western India*, 1784-1806. Combridge : Cambridge Univ. Press.

Palat, Ravi Arvind (1986a). "The Vijayanagara Empire : Reintegration of The Agrian Order of Medieval South India, 1336-1565," in H. J. M. Claessen & Pieter van de Velde, eds., *Early State Dynamics.* Leiden : E. J. Brill, Forthcoming.

Palat, Ravi Arvind (1986b). "Popular Revolts and the State in Medieval South India ; A Study of the Vijayanagara Empire (1360-1565)," *Bijdragen tot de Taal-, Landen* Volkenkunde, CXII, forthcoming.

Pandey, Gyanendra (1978). *The Ascendency of the Congress in Uttar Pradesh, 1926-34 ; Study in Imperfect Mobilization.* Delhi : Oxford Univ. Press.

Papanek, Hanna (1972). "Pakistans Big Businessmen: Separatism, Entrepreneurship, and Partial Modernization," *Economic Development and Cultural Change*, XXX, 1, Oct., 1-32.

Perlin, Frank (1980). "A History of Money in Asian Perspective" (review article), *Journal of Peasant Studies,* VII, 2, Jan., 235-44.

Perlin, Frank (1983). "Prot-Industrialization and Pre-Colonial South Asia", *Past and Present*, No. 98, Feb. 30-95.

Prakash, Om & Krishnamurthy (1970). "Mughal Silver Currency Output and Prices in India in the 16th and 17th Centuries," *Indian Economic and Social History Review*, VII, 1, Mar., 139-50.

Qureshi, Ishtiaq Husain (1965). *The Struggle for Pakistan*, Karachi : Univ. of Karachi Press.

Ray, Rajat K. (1979). *Industrialization of India: Growth and Conflict in the Private Corporate Sector, 1914-1947.* Delhi : Oxford Univ. Press.

Hardy Peter (1972). *Muslim of India.* Cambridge : Cambridge Univ. Press.
Hardy Peter (1972). *Imperialism and Free Trade : Lancashire and India in the Mid- Nineteenth Century.* Vancouver : Univ. of British Columbia Press.
Hazzan, Aziza (1969). "The Silver Currency Output of the Mughal Empire and Prices in India During the 16th and 17th Centuries," *Indian Economic and Social History Review,* VI, I, Mar., 85-116.
Hazzan, Aziza (1970). "Mughal Silver Currency Output and Prices in India in the 16th and 17th Centuries : A Reply to Prakash and Krishnamurthy," *Indian Economic and Social History Review,* VII, 1, Mar., 151-60.
Hilder, Herbert (1978). "The East India Companies Regulation of Its Servants: A Study in Failure, Bengal in the 1760s" *Bengal Past and Presnt,* XCVII, 184, Jan. -june, 1-23.
Hopkins, Terencea K.: Phillips, Peter D. & Wallerstein, Immanuel (1982). "Stateness, Nationalism and the Creaiton of an Interstate System," unpubl. report prepared for the Project on Socio-Cultural Alternatives in a Changing World, Human and Social Development Programme, United Nations University, May.
Hossain, Hameeda (1979). "The Alienation of Weavers : Impact of the Conflict Between the Revenue and Commercial Interests of the East India Company, 1750-1800." *Indian Economic and Social History Review,* XVI, 3, July-Sept., 323-45.
Irwin, John (1955-59). "Indian Textile Trade in the Seventeenth Century," *Journal of Indian Textile History,* 1-4.
Irwin, John & Schwartz, P. R. (1966). *Studies in Indo-European Textile History.* Ahmadabad : Calico Museum of Textiles.
Ispahani, M. A. H. (1966). *Qaid-e-Azam As I Knew Him.* Karachi: Forward Publications Trust.
Johnson, Gordon (1985). " Introduction," *Modern Asian Studies,* XIX, 3, July,
353-54.
Khan, A. G. (1969). *My Life and Struggle.* Fhlhi : Hindo Pocket Books.
Krishnamurthy, J. (1967). "Changes in the Composition of the Working Force in Manufacturing, 1905-1951: A Theoretical and Empirical Analysis", *Indian Economic and Social History Review,* IX, 1, Mar., 1-16.
Kumar, Dharma (1983). "The Fiscal System," in D. Kumar & M. Desai, eds., *The Cambridge Economic Hisotry of Indian,* II, c. 1757-c. 1970. Cambridge: Cambridge Univ. Press, 905-44.
Kumar, Dharma & Desai, Meghnad, eds. (1983). *The Cambridge Economic History of India,* II, c. 1757-c. 1970. Cambridge ; Cambridge Univ. Press.
Malik. Hafeez (1963). *Muslim Nationalism in India and Pakistan.*
Washington, DC : Public Affairs Press.
Marshall, Peter James (1968). *Problems of Empire : Britain and India.*
1757-1813. London : Allen & Unwin.
Marshall, Peter James (1975). "British Expansion in India in the Eight-
Eenth Century : A Historical Revision, "*History,* LX, 198, Feb., 28-43.
Marshall, Peter James (1976). *East Indian Fortunes* : The British in Bengal in the Eighteenth Century. Oxford : Clarendon.
Matsui, Toru (n. d.). "On the Nineteenth Century Indian Economic History-A Review of a 'Rein-

of Minnesota Press.

Gaastra, F. S. (1983). "The Exports of Precious Metals from Europe to Asia by the Dutch East India Company, 1602-1795," in J. F. Richards, ed., *Precious Metals in the Late Medieval and Early Modern Worlds.* Durham, NC : Carolina Academic Press. 447-75.

Gankovsky, Y. V. (1964). *A History of Pakistan.* Moscow : Nauka.

Ghosh, Uniti Kumar (1983). "The Indian Bourgeoisie and Imperialism," *Bulletin of Concerned Asian Scholars*, XV, 3, July-Aug., 2-17.

Goldsmith, Raymond (1982). *The Financial Development of India, 1860-1977.* New Haven : Yale Univ press.

Gopalankutty, K. (1981). "The Integration of Anti-Landlord Movement with the Movement Against Imperialism-The Case of Malabar, 1935-39," *Studies in History*, III, 1 & 2, Jan.-Dec., 201-14.

Gordon, A. D. D. (1978). *Business and Politics : Rising Nationalism and a Modernizing Economy in Bombey, 1918-43.* Delhi : Minohar.

Graham, G. F. I. (1974). *The Life and Times of Syed Ahmed Khan.* Delhi : Idarah-I-Adabiyat-I-Delhi.

Habib, Irfan (1963). *The Agrarian System of Mughal India (1556-1707)*. Bombey: Asia Publishing.

Habib, Irfan (1965). "The social Distribution of Landed Property in Pre-British India (A Historical Survey)," *Enquiry*, N. S., II, 3, Win. 21-75.

Habib, Irfan (1969). "Potentialities of Capitalistic Development in the Economy of Mughal, India," Journal of Economic *History*, XXIX, 1, Mar., 32-78.

Habib, Irfan (1975). "Colonization of the Indian Economy, 1757-1900," *Social Scientist,* No36, (III, 8), Mar., 230-53.

Habib, Irfan (1978). "Economic History of the Delhi Sultanate-An Essay in Interpretation," *Indian Historical Review*, IV, 2, 287-303.

Habib, Irfan (1978-79). "Technology and Barriers to social Change in Mughal India," *Indian Historical Review*, Vol. V, 152-74.

Habib, Irfan (1982a). "Agrarian Relations and Land Revenue : North India," in T. Raychudhuri & I : Habib, eds., *The Cambridge Economic history of India, I, c. 1200-c. 1700.* Cambridge Univ. Press, 241-49.

Habib, Irfan (1982b). "Monetary System and prices," in T. Raychaudhuri & I. Habib, eds., *The Cambridge Economic History of India, I, c. 1200-1700.* Cambridge: Cambridge Univ. Press, 360-81.

Habib, Irfan (1983). "The Peasant in Indian History" (General Presidents address), *Proceedings of the Forty-Third Session of the Indian History Congress,* Kurukshetra University, Kurukshetra, 1982. New Delhi : Indian History Congress, 3-54.

Habib, Irfan (1985). "Studying a Colonial Economy Without Perceiving Colonialism," *Modern Asian Studies*, XIX, 3, July, 355-81.

Habib, Irfan (1965). *Muslim Separatism in India: A Brief Survey, 1947-58.* Lahore: OxfordUniv. Press.

Hardiman, David (1981). *Peasant Nationalists of Gujarat ; Kheda District, 1917-1934.* Dehli ; Oxford Univ. Press.

(1660-1760). Cambridge Univ. Press.

Chaudhuri, K. N. (1978b). "Some Reflections on the Town and Country in Mughal India," *Modern Asian Studies*, XII. 1, July. 77-96.

Chaudhuri, K. N. (1979). "Markets and Traders in India during the Seventeenth and Eighteenth Centuries," in K. N. Chaudhuri & Clive J. Dewey, eds., *Economy and Society : Essays in Indian Economic and Social History*. Delhi : Oxford Univ. Press, 143-62.

Chaudhuri, K. N. (1981). "The World-System East of Longitude 20° : The European Role in Asia, 1500-1750," Review, V, 2, Fall, 219-45.

Chaudhuri, K. N. (1982). "Foreign Trade : European Trade in India," in T. Raychaudhuri & I. Habitb, eds., *The Cambridge Economic History of India, I, c. 1200-c. 1700*. Cambridge : Cambridge Univ. press, 382-407.

Chicherov, A. I. (1971). *India: Economic Development in the 16th-18th Centuries*. Moscow: Nauka.

Colebrook, James Edward (1807). *A Digest of the Regulations and Laws Enacted by the Governor-in-Council for the Civil Government of the Territories Under the Presidency of Bengal*. Calcutta.

Datta. Kali Kinkar (1959). "Economic Drain on India During the Second Half of the Eighteenth Century," Bihar Research Society Journal, Vol. XLV, 77-88.

DasGupta, Ashin (1967). *Malabar in Asian Trade, 1740-1800*. Cambridge : Cambrigde Univ. Press.

Das Gupta, Ashin (1970). "Trade and Politics in 18th Century India," in D. S. Richards. ed., *Islam and the Trade of Asia : A Colloquium*. Oxford : Cassirer, 181-214.

Das Gupta, Ashin (1982). "Indian Merchants and the Trade in the Indian Ocean c. 1500-1750," in T. Raychaudhyri & I. Habibi, eds., *The Cambridge Economic History of India, I, c. 1200-c. 1700*. Cambridge : Cambridge Univ. Press. 470-33.

Desai, A. R. (1981). *Social Background of Indian Nationalism. Bombay* : Popular Prakashan.

Desai, Padma (1970). *Tariff Protection and Industrialization*. Dehli : Hindustan Publishing.

Deyell, John S. (1976). "Numismatic Methodology in the Estimation of Mughal Currency Output," *Indian Economic and Social History Review*, XIII, 3, July, 393-401.

East India Company (1797). *Regulations for Weavers (More Particularly Those in the Companys Employ) With a General Supplementary article*. Calcutta : The HonourableCompanys Press.

Feldbaek, Ole (1969). *India Trade Under the Danish Flag, 1772-1808 : European EnterpriseAnd Anglo-Indian Remittance and Trade. Kobenhavn* : Student Literature.

Fox, Richard G. (1984). "British Colonialism and Punjabi Labor," in C. Bergquist, ed., *Labor in the Capitalist World-Economy*. Beverly Hills, CA : Sage, 107-34.

Frykenberg, Robert E., ed. (1969). *Land Control and Social Structure in Indian History*. Madison: Univ. of Wisconsin Press.

Frykenberg, Robert E., ed. (1977). *Land Tenure and Peasant in South Asia,* New Delhi : Orient Longman.

Furber, Holden (1951). *John Company at Work : A Study of European Expansion in India in the late Eighteenth Century*. Cambridge, MA : Harvard Univ. Press.

Furber, Holden (1965). *The Bombay Presidency in the Mid-Eighteenth Century*. London : Asia Publishing.

Furber, Holden (1976). *Rival Empires of Trade in the Orient, 1600-1800*. Minneapolis : Univ.

Visva Bharati Quarterly, Vol. XXX, 24-61.
Bhattacharya, Sabyasachi, (1979). "Notes on the Role of the Intelligentsia in Colonial Society : India from Mid-Nineteenth Century," *Studies in History,* I, 1, Jan. -June, 89-104.
Bhattacharya, Sukumar (1954). *The East India Company and the Economy of Bengal from 1704 to 1740.* London : Luzac.
Blyn, George (1966). *Agricultural Trends in India*, 1891-1947. Philadelphia: Univ. of Pennsylvania press.
Braudel, Fernand (1984). *Civilization and Capitalism, 15th-18th Century, III : The Perspective of the World.* New York : Harper & Row.
Brennig Jpseph J. (1983). "Silver in Seventeenth-Century Surat : Monetary Circulation and the Price Revolution in Mughal India," in J. Richards, ed., *Precious Metals in the Late Medieval and Early Modern Worlds.* Durham, NC : Carolina Academic Press, 477-96.
Brown, Michael Barrett (1970). *After Imperialism,* New York : Humanities Press.
Casey, Richard Gaediner (1947). *An Australian in India.* London : Holis & Carter.
Chandra, Bipan (1969a). *The Rise and Growth of Economic Nationalism in India: Economic Policies of Indian National Leadership, 1880-1905.* New Delhi : Pepoles Publishing House.
Chandra, Bipan (1969b). "Reinterpretation of Nineteenth Century Indian Economic History," in M. D. Morris, et al., eds., *Indian Economy in the nineteenth Century: A Symposium.* Delhi: Indian Economic and Social History Association, 35-75
Chandra, Bipan (1979). "Elements of Continuity and Change in the Early Nationalist Activity," *Studies in History*, I, 1, Jan-June, 73-88.
Chandra, Bipan (1980a). "Colonislidm, Stage of Colonialism and the Colonial Stage," *Journal of Contemporary Asia*, X, 3,272-85.
Chandra, Bipan (1980b). "Peasautry and National Integration," in K. N.. Panikkar, ed., *National and Left Movements in India.* Delhi : Vikas Publishing House. 107-44.
Chandra, Satish (1972). Parties and Politics at the Mughal Court, 1707-1740. New Delhi: Peoples Publishing House.
Chattopadhyay, Paresh (1973). "Some Recent Trends in India's Economic Development," in K. Gough & H. Sharma. eds., *Imperialism and Revolution in South Asia.* New York : Monthly Review Press, 103-29.
Chattopadhyay, Raghabendra (1975). "De-Industrialization in India Reconsidered," *Economic and Political Weekly*, X, 12, May. 22,523-31.
Chaudhuri, K. N. (1965). *The English East India Company : The study of an Early Joint-stock Company, 1600-1640.* London : Frank Cass.
Chaudhuri, K. N. (1966). "Indias International Economy in the Nineteenth Century: A Historical Survey," *Modern Asian Studies*, II, 1, Jan., 31-50.
Chaudhuri, K. N. (1970). "Economic Problems and Indian Independence," in C. H. Philips & M. D. Wainwright, eds., *The Partition of India : Policies and Perspectives, 1935-1947.* Cambridge, MA : MIT Press.
Chaudhuri, K. N. (1974). "The Structure of the Indian Textile Industry in the Seventeenth And Eighteenth Centuries," *Indian Economic and Social Hisotry Review*, XI, 2-3, June-Sept., 127-82.
Chaudhuri, K. N. (1978a). *The Trading World of Asia and the English East India Company*

Gurr, eds., *Violence in America: Historical and Comparative Perspectives*, New York: Praeger, 4-42.
Wallerstein, Immanuel, ed. (1983) *Labor in the World Social Structure*, Beverly Hills, CA: Sage.

■南アジアの編入と周辺化■

Adas, Michael (1977). "The Ryptwari in Lower Burma: The Establishment and Decline of a Peasant Proprietor System", in R. E. Frykenberg, ed,. *Land Tenure and Peasant in South Asia.* New Delhi: Orient Longman, 100-19.
Anisuzzaman. A. J. M., (1981). *Factory Correspondence and Other Bengali Documents in the India Office Library and Records.* London: India Office Library and Records.
Anstey, Vera (1952). *The Economic Development of India.* New York: Longman, Green.
Arasaratnam, Sinnappah (1978). "Indian Commercial Groups and European Traders, 1600-1800: Changing Relationships in South-Eastern India", *South Asia*, N. S., 1,2, Sept., 42-53.
Arasaratnam, Sinnappah (1980). "Weavers, Merchants and Company: The Handloom Industry in South-eastern India, 1750-1790," *Indian Economic and Social History Review*, XVII, 3. July-Sept., 257-81.
Athar Ali, M. (1975). "The Passing of Empire: The Mughal Case" *Modern Asian Studies,* IX, 3, July, 385-96.
Beden-Powell, Baden Henry (1892). Land Systems of British India: *Being a Manual of Land-Tenures and of Land-Revenue Administration Prevalent in the Several Provinces.* Oxford: Clarendon.
Beden-Powell, Baden Henry (1896). *The Indian Village Community; Examined with Reference to the Physical, Ethnographic and Historical Conditions of the Provinces ; Chiefly on the Basis of the Revenue-Settlement Records and District Manuals.* London: Longmans, Green.
Baden-Powell, Baden Henry (1913). *The Origin and Growth of Village Communities in India.* London: S. Sonnenschein.
Bagchi, Amiya Kumar (1972). *Private Investment in India, 1900-1939.* Cambridge: Cambridge Univ. Press.
Bagchi, Amiya Kumar (1976a). "De-industrialization in India in the Nineteenth Century: Some Theoretical Implications," *Jonrnal of Development Studies,* XII, 2, Jan., 135-64.
Bagchi, Amiya Kumar (1976b). "De-industrialization in Gangetic Bihar, 1890-1901," in *Essays in Honour of Professor Susobhan Chandra Sarkar.* New Delhi: Peoples Publishing House, 499-522.
Bagchi, Amiya Kumar (1976c). "Reflections in patterns of Regional Growth in India During the Peiod of British Rule," *Bengal Past and Present,* XCV, I, Jan-June, 247-89.
Bagchi, Amiya Kumar (1979). "A Reply," *Indian Economic and Social History Review,* XVI, 2, Apr. -June. 147-61.
Bagchi, Amiya Kumar (1983). "British Imperialist Exploitation of India: Some Essential Links," *Economic and Political Weekly,* VXIII, 10, Mar. 5,345-48.
Benerjee, Atara Sankar (1964). "Transit and Town Duties in the Bengal Presidency, 1765-1810,"

Hibbs, Douglas A. (1976a) "Industrial Conflict in Advanced Industrial Societies", *American Political Science Review*, LXX, 4, Dec., 1033-58.
Hibbs, Douglas A. (1976b) *Long-Run Trends in Strike Activity in Comparative Perspective*, Cambridge, MA : MIT Press.
Hibbs, Douglas A. (1978) "On the Political Economy of Long-Run Trends in Strike Activity", British Journal of Political Science, VIII, 2, Apr., 153-76.
Higginson, John (1983) "The Formation of an Industrial Proletariat in Southern Africa : The Second Phase, 1921-1949", in I. Wallerstein, ed., *Labor in the World Social Structure*, Beverly Hills, CA : Sage, 121-219.
Kendall, Walter (1975) *The Labour Movement in Europe*, London : A. Lane.
Knowles, K. G. J. C. (1952) *Strikes : A Study of Industrial Conflict*, Oxford : Basil Blackwell.
Korpi, Walter & Shalev, Michael (1979) "Strikes, Industrial Relations, and Class Conflict in Capitalist Societies", *British Journal of Sociology*, XXX, 2, June, 164-87.
Korpi, Walter & Shalev, Michael (1980) "Strikes, Power, and Politics in the Western Nations, 1900-1976", in M. Zeitlin, ed., *Political Power and Social Theory*, Vol. I.
Paige, Jeffrey (1975) *Agrarian Revolution : Social Movements and Export Agriculture in the Underdeveloped World*, New York : Free Press.
Pollard, Sidney (1959) *A History of Labour in Sheffield*, Liverpool Univ. Press.
Price, Richard (1980) *Masters, Unions and Men*, Cambridge Univ. Press.
Reich, Michael (1984) "Capitalist Development, Class Relations and Labor History", unpubl. paper presented at the NEH research conference, "The Future of American Labor History : Towards a Synthesis", Northern Illinois University, October 11.
Ross, A. M. & Hartman, P. T. (1960) *Changing Patterns of Industrial Conflict*, New York: John Wiley.
Scott, Joan (1974) *The Glassworkers of Carmaux: French Craftsmen and Political Action in a Nineteenth-Century City*, Cambridge, MA : Harvard Univ. Press.
Selden, Mark (1983) "The Proletariat, Revolutionary Change and the State in China and Japan, 1850-1950", in I. Wallerstein, ed., *Labor in the World Social Structure*, Beverly Hills, CA : Sage, 58-120.
Shalev, Michael (1978a) "Lies, Damned Lies and Strike Statistics : The Measurement of Trends in Industrial Conflict", in C. Crouch & A. Pizzorno, eds. *The Resurgence of Class Conflict in Western Europe since 1968*, Vol. I, New York : Holmes & Meier, 1-19.
Shalev, Michael (1978b) "Strikes and the State : A Comment", *British Journal of Political Science*, VIII, 4, Oct., 479-92.
Shorter, Edward & Tilly, Charles (1974) *Strikes in France, 1830-1968*, London : Cambridge Univ. Press.
Snyder, David & Tilly, Charles (1972) "Collective Violence in France", *American Sociological Review*, XXXVII, 5, Oct., 520-32.
Sturmthal, Adolph (1953) *Unity and Diversity in European Labor*, New York : Free Press.
Sturmthal, Adolph (1972) *Comparative Labor Movements : Ideological Roots and Institutional Development*, Belmont, CA : Wadsworth.
Tilly, Charles (1969) "Collective Violence in European Perspective", in H. D. Graham & T. R.

Stavenhagen, Rodolfo (1978). "Capitalism and the Peasantry in Mexico," *Latin American Perspectives*, V, 3, Sum., 27-37.
Vanek, Joann (1974). "Times Spent in Housework," *Scientific American*, CCXXXI, 5, Nov., 116-20.
Young, Kate (1978). "Modest of Appropriation and the Sexual Division of Labor : A Case Study From Oaxaca, Mexico," in Annette Kuhn & Ann Marie Wolpe, eds., *Feminism and Materialism: Women and Modes of Production*. London : Routledge & Kegan Paul, 124-54.

■歴史的視点からみた労働運動のグローバル・パターン■

Arrighi, Giovanni (1983) "The Labor Movement in Twentieth-Century Western Europe", in I. Wallerstein, ed., *Labor in the World Social Structure*, Beverly Hills, CA : Sage, 44-57.
Arrighi, Giovanni & Silver, Beverly (1984) "Labor Movements and Capital Migration : The U. S. and Western Europe in World-Historical Perspective", in C. Bergquist, ed., *Labor in the World Capitalist Economy*, Beverly Hills, CA : Sage, 183-216.
Banks, Arthur S. (1973) *Cross Polity Time Series Data*, Binghamton, NY: Center for Comparative Political Research.
Britt, David & Galle, O. R. (1972) "Industrial Conflict and Unionization", *American Sociological Review*, XXXVII, 1, Feb., 46-57.
Cronin, James (1979) *Industrial Conflict in Modern Britain*, London : Croom Helm.
Crouch, Colin & Pizzorno, Allesandro, eds. (1978) *The Resurgence of Class Conflict in Western Europe since 1968*,2 vols, New York : Holmes & Meier.
Dawley, Allan (1976) *Class and Community: The Industrial Revolution in Lynn*, Cambridge, MA: Harvard Univ. Press.
Dubofsky, Melvyn (1983) "Workers' Movements in North America, 1873-1970 : A Preliminary Analysis", in I. Wallerstein, ed., *Labor in the World Social Structure*, Beverly Hills, CA : Sage, 22-43.
Dubofsky, Melvyn, ed. (1985) *Technological Change and Workers' Movements in the World-Economy*, Beverly Hills, CA : Sage.
Dubofsky, Melvyn (n. d.) "Technological Change and the American Labor Movement, 1870-1980", in S. Bruchey & J. Colton, eds., *The Impact of Technological Change on Social Structures and Social Movements*, New York : Columbia Univ. Press, forthcoming.
Edwards, P. K. (1981) *Strikes in the United States, 1881-1974*, Oxford : Basil Blackwell.
Faler, Paul (1981) *Mechanics and Manufacturers in the Early Industrial Revolution : Lynn, Massachusetts, 1780-1860*, Albany : State University of New York Press.
Forchheimer, K. (1948) "Some International Aspects of the Strike Movement", *The Bulletin of the Oxford Institute of Statistics*, X, 9-24.
Galenson, Walter, ed. (1952) *Comparative Labor Movements*, Garden City, NY : Prentice-Hall.
Geary, Dick (1981) *European Labour Protest, 1848-1939*, London : Croom Helm.
Gordon, David, et al. (1982) *Segmented Work, Divided Workers : The Historical Transformation of Labor in the United States*, New York : Cambridge Univ. Press. 〔河村哲二／伊藤誠訳『アメリカ資本主義と労働——蓄積の社会的構造』東洋経済新報社, 1990 年〕

Europe in the Twentieth Century," in G. Arrighi, ed., *Semiperipheral Development : The Politics of Southern Europe in the Twentieth Century*, Beverly Hills, CA : Sage, 531-39.
Warren, Bill (1980) *Imperialism : Pioneer of Capitalism*, London : NLB.
World Bank (1978-85) *World Development Report*, Washington, DC : World Bank.
World Bank (1984) *World Tables*, Vols. 1 & 2, Washington, DC : World Bank.
Woytinsky, W. S. & Woytinsky, E. S. (1953) *World Population and Production : Trends and Outlook*, New York : Twentieth Century Fund.

■世帯構造のパターンと世界－経済■

Amsden, Alice (1980). *The Economic of Women and Work*. New York. St. Martins
Arizpe, Lourdes (1982). "Relay Migration and Survival of Peasant Households," In H. I. Safa, ed., *Towards a Political Economy of Urbanization in Third World Countries*Delhi: Oxford Univ. Press, 19-46.
Barr, Kenneth (1979). "Long Waves: A Selected Annotated Bibliography," *Review*, II, 4, Spr., Beverly Hills, CA : Sage, 675-718.
Cummings, Richard Osborn (1940). *The American and His Food : A History of Frood in the United States*. Chicago : Univ. of Chicago Press.
Katz, Friedrich (1974). "Labor Conditions on Haciendas in Porfirian Mexico : Some Trends and Tendencies," *Hispanic American Historical Review*, Vol. LIV, Feb., 1-47.
Levine, David Allen (1973). *Internal Combustion : The Races in Detroit 1915-1926*. Westport, CT : Greenwood Press.
Lomnitz, Larissa (1977). *Networks and Marginality*, New York : Academic Press.
Martin, William G. (1984a). "Beyond the Peasant to Proletarian Debate: African Household Formation in South Africa," in J. Smith, I. Wallerstein & H. -D. Evers, eds., *Households in the World-Economy*. Beverly Hills, CA : Sage, 151-67.
Martin, William G. (1984b). "Cycles, Trends, or Transformations? Black Labor Migration to the South African Gold Mines," in C. Bergquist, ed., *Labor in theCapitalist World-Economy*. Beverly Hills, CA : Sage, 157-79.
Martin, William G. & Beittel, Mark (1986). "The Hidden Abode of Reproduction: Conceptualizing Households in Southern Africa," in Social Science Research Council, *Proceedings Volume*. New York : Social Science Research Council.
McGuire, Ross & Osterud, Nancy Gray (1980). *Working Lives: Broome County New York*1800-1980. Binghamton : Roberson Center for Arts and Sciences.
Shelby, Henry A., et al. (1981). "Battling Poverty From Below : A Profile of the Poor in two Mexican Cities," unpubl. paper presented at the Wenner-Gren Foundation Symposium, "Households : Changing Form and Function."
Singleman, Peter (1978). "Rural Collectivization and Dependent Capitalism : The Mexican Collective Ejido," *Latin American Perspectives*, V, 3,38-61.
Speirs, F. W. : Lindsay, Samuel M. & Kirkbride, K. B. (1898). "Vacant Lot Cultivation," *The Charities Review*, VIII, 2, Apr., 74-107.

Office of the United Nations & World Bank, Baltimore, MD : Johns Hopkins Univ. Press.

Lange, Peter (1985) "Semiperiphery and Core in the European Context : Reflections on the Postwar Italian Experience," in G. Arrighi, ed., *Semiperipheral Development : The Politics of Southern Europe in the Twentieth Century*, Beverly Hills, CA : Sage, 179-214.

Marini, Ruy Mauro (1969) *Subdesaroll y Revolución*, Mexico : Siglo XXI.

Milkman, Ruth (1979) "Contradictions of Semi-Peripheral Development : The South African Case," in Walter L. Goldfrank, ed., *The World System of Capitalism, Past and Present*, Beverly Hills, CA : Sage, 261-84.

Morawetz, David (1977) *Twenty-Five Years of Economic Development, 1950-1974*, Baltimore, MD : Johns Hopkins Univ. Press.

Myrdal, Gunnar (1959) Economic Theory and Underdevelopment Regions, London: Duckworth. 〔小原敬士訳『経済理論と低開発地域』東洋経済新報社、1971 年〕

Nemeth, Roger & Smith, David A. (1985) "International Trade and World-System Structure : A Multiple Network Analysis," *Review*, VIII, 4, Spr., 517-60.

Prebisch, Raul (1959) "Commercial Policy in the Underdeveloped Countries," *American Economic Review*, Paper and Proceedings 251-73.

Rostow, W. W. (1978) *The World Economy, History and Prospect*, Austin: Univ. of Texas Press.

Schumpeter, Joseph (1954) *Capitalism, Socialism & Democracy*, London : Allen & Unwin. 〔中山伊知郎・東畑精一訳『資本主義・社会主義・民主主義上・中・下』東洋経済新報社、1951 年〕

Schmupeter, Joseph (1964) *Business Cycles : A Theoretical, Historical, and Statistical Analysis of the Capitalist Process*, New York : McGraw-Hill. 〔金融経済研究所訳、吉田昇三監修『景気循環論——資本主義過程の理論的・歴史的・統計的分析位 I ～ V』有斐閣、1962 年〕

Schurmann, Herbert Franz (1974) *The Logic of World Power: An Inquiry into Origins, Currents, & Contradiction of World Politics*, New York : Pantheon.

Snyder, D. & Kick, E. (1979) "Structural Position in the World-System and Economic Growth, 1955-1970 : A Multiple Network Analysis of Transnational Interactions," *American Journal of Sociology*, LXXXIV, 5, Oct. 1096-1126.

United Nations (1959) *The Economic Development of Latin America and Its Principal Problems*, New York : United Nations Dept. of Economic Affairs.

United Nations, Department of International and Economic and Social Affairs, Statistical Office (1980-1984) *Statistical Yearbook*, New York : United Nations.

U. S. Central Intelligence Agency, Directorate of Intelligence (1982) *USSR: Measures of Economic Growth and Development, 1950-1980*, Studies prepared for the use of the Joint Economic Committee, 97th Congress 2nd Session, Washington, DC : Government Printing Office.

U. S. Department of Commerce, Bureau of the Census (1975) *Historical Statistics of the United States : Colonial Times to 1970*, Washington, DC : Government Printing Office.

U. S. Department of Commerce, Bureau of the Census (various years) *Statistical Abstracts of the United States*, Washington, DC : Government Printing Office.

Wallerstein, Immanuel (1979) *The Capitalist World-Economy*, New York : Cambridge Univ. Press. 〔藤瀬浩司・浅沼賢彦・金井雄一訳『資本主義世界経済 I ——中核と周辺の不平等』、日南田静眞監訳『資本主義世界経済 II ——階級・エスニシティの不平等、国際政治』名古屋大学出版会、1987 年〕

Wallerstein, Immanuel (1985) "The Relevance of the Concept of Semiperiphery to Southern

参 考 文 献

■世界－経済の階層化■

Amin, Samir (1982) "Crisis, Nationalism, & Socialism," in Amin, et al., *Dynamics of Global Crisis*, New York : Monthly Review Press, 167-231.

Arrighi, Giovanni, ed. (1985a) *Semiperipheral Development : The Politics of Southern Europe in the Twentieth Century*, Beverly Hills, CA : Sage.

Arrighi, Giovanni (1985b) "Fascism to Democratic Socialism: Logic and Limits of a Transition," G. Arrigi, ed., *Semiperipheral Development : The Politics of Southern Europe in the Twentieth Century*, Beverly Hills, CA : Sage, 243-79.

Arrighi, Giovanni & Silver, Beverly J. (1984) "Labor Movement and Capital Migration : The United States and Western Europe in World Historical Perspective," in C. Bergquist, ed., *Labor in the Capitalist World-Economy*, Beverly Hills, CA : Sage, 183-216.

Arrighi, Giovanni, Korzeniewicz, Roberto P. & Martin, William G. (1985) "Three Crises, Three Zones : Core-Periphery Relations in the Long Twentieth Century," GEMDEV Cahier No. 7, March, Paris : GEMDEV, 125-61.

Averrit, Robert T. (1968) *Dual Economy : The Dynamics of American Industrial Structure*, New York : Norton.

Aymard, Maurice (1985) "Nation-States and Interregional Disparities of Development," in G. Arrighi, ed., *Semiperipheral Development : The Politics of Southern Europe in the Twentieth Century*, Beverly Hills, CA : Sage, 40-54.

Banks, Arthur S. (n. d.) *Cross-National Time-Series Data Archive*, Tapes compiled by the Center for Social Analysis, State University of New York at Binghamton.

Cardoso, Fernando H. & Faletto, Enzo (1979) *Dependency and Development in Latin America*, Berkeley : Univ. of California Press.

Chase-Dunn, Christopher (1984) "The World-System since 1950 : What Has Really Changed?" in C. Bergquist, ed., *Labor in the Capitalist World-Economy*, Beverly Hills, CA: Sage, 75-104.

Chirot,Daniel (1977) *Social Change in the Twentieth Century*, New York: Harcourt Brace Jovanovich.

Evans, Peter (1979) *Dependent Development*, Princeton, NJ : Princeton Univ. Press.

Frank, Andre Gunder (1969) *Capitalism and Underdevelopment in Latin America*, New York : Monthly Review Press.

Galtung, Johan (1972) "Structural Theory of Imperialism," *African Review*, I, 4, Apr., 93-138.

Hopkins, Terence K. & Wallerstein, Immanuel (1977) "Patterns of Development of the Modern World-System," *Review*, I, 2, Fall, 11-45.〔市岡義章訳「近代世界システムの発展パターン」I. ウォーラーステイン編『ワールド・エコノミー』藤原書店、1991年所収〕

Kravis, Irving, et al. (1975,1978,1982) *International Comparison Project*, Vols. 1, 2, 3, Statistical

執筆者紹介

Immanuel Wallerstein（イマニュエル・ウォーラーステイン）
ニューヨーク州立大学ビンガムトン校フェルナン・ブローデル経済・史的システム・文明研究センター所長。主著『近代世界システム』全3巻（邦訳、岩波書店・名古屋大学出版会）『脱＝社会科学』『新しい学』（邦訳、藤原書店）など。

Giovanni Arrighi（ジョバンニ・アリギ）
ジョーンズ・ホプキンズ大学社会学部教授。主著『反システム運動』（邦訳、大村書店）、*The Long Twentieth Century. Money, Power, and the Origins of Our Times*（Verso, 1994）. など。

Jessica Drangel（ジェシカ・ドランゲル）
執筆当時ニューヨーク州立大学ビンガムトン校社会学部大学院。現在は The National Labor Relations Board（アメリカ）の法律家。

Randall H. McGuire（ランドール・H・マクガイア）
ニューヨーク州立大学ビンガムトン校教授（人類学）。主著 *A Marxist Archaeology*（Academic Press, 1992）.

Joan Smith（ジョーン・スミス）
バーモント大学教養学部教授（社会学）。主著 *Creating and Transforming Households : The Constraints of the World Economy*（Cambridge U. P., 1992）（共編著、邦訳・藤原書店近刊）; *Hard Work and Making Do : Labor Mobilization in Rural Areas*（University of California Press, 1999）（共著）。

William G. Martin（ウィリアム・G・マーチン）
ニューヨーク州立大学教授（社会学）。主著 *Out of One, Many Africas: Reconstructing the Meaning and Study of Africa*（University of Illinois Press, 1999）（共著）。

Research Working Group on World Labor
（世界労働にかんする研究ワーキンググループ）
フェルナン・ブローデル・センターに設置された研究ワーキンググループのひとつで、論文執筆時点では Giovanni Arrighi をはじめとする12名が実質メンバーであった。

Terrence K. Hopkins（テレンス・K・ホプキンス）
元フェルナン・ブローデル・センター理事（1997年死去）。主著『転移する時代』（共編著、邦訳・藤原書店）など。

Ravi Palat（ラヴィ・パラット）
ニューヨーク州立大学ビンガムトン校助教授（社会学）。主著 *Pacific-Asia and the Future of the World-System*（editor）（Greenwood Press, 1993）。

Kenneth Barr（ケネス・バー）
カリフォルニア大学サンタ・クルーズ校講師（社会学）。

James Matson（ジェイムス・マトソン）
コロラド大学講師（アジア研究、社会学）。

Vinay Bahl（ヴィナイ・バール）
フェルナン・ブローデル・センター研究員。主著 "The Emergence of Large Scale Indian Steel Industry, 1880-1907," *Indian Economic and Social History Review*, 4,（1994）.

Nesar Ahmad（ナサール・アーマド）
ニューヨーク州立大学ビンガムトン校博士。1986年デリーからの帰路パキスタンでのハイジャック事件に巻き込まれ死去。主著 "Origins of Muslim Consciousness in India : A World-System Perspective", *Contributions to the Study of World History*, No. 29,（Greenwood Press, 1991）.

訳者紹介

山田鋭夫（やまだ・としお）

1942年生まれ。名古屋大学大学院経済学研究科博士課程満期退学。名古屋大学経済学部教授。主著に『レギュラシオン・アプローチ』（藤原書店、増補新版1994年）ほか。

原田太津男（はらだ・たつお）

1964年生まれ。大阪市立大学経済学研究科後期博士課程単位取得退学。中部大学国際関係学部助教授。主要論文に「複合的グローバル化——競争国家とリスク社会の成立」（峯・畑中編『憎悪から和解へ』京都大学学術出版、2000年、所収）ほか。

尹春志（ゆん・ちゅんじ）

1967年生まれ。京都大学大学院経済学研究科博士課程単位取得退学。山口大学経済学部助教授。主要論文に「グローバリズムのなかの東アジア地域主義」（『新・東アジア経済論』ミネルヴァ書房、2001年、所収）ほか。

叢書〈世界システム〉3

世界システム論の方法

2002年9月30日　初版第1刷発行©

訳　者　山田鋭夫 他

発行者　藤原良雄

発行所　株式会社 藤原書店

〒162-0041　東京都新宿区早稲田鶴巻町523

TEL　03（5272）0301
FAX　03（5272）0450
振替　00160-4-17013

印刷・製本　美研プリンティング

落丁本・乱丁本はお取り替えします
定価はカバーに表示してあります

Printed in Japan
ISBN4-89434-298-7

叢書〈世界システム〉発刊の辞

イマニュエル・ウォーラーステイン

ここに、雑誌 *Review: A Journal of Fernand Braudel Center* に掲載された論文の翻訳からなる叢書を、日本の読者に向けて提供できることは大変によろこばしい。この雑誌は、世界システム分析における経験的・理論的諸論文を発表する場所として役だつよう、一九七七年に発刊された。毎号 *Review* には、つぎのような編集方針が掲げられている。

「*Review* は、長期の歴史的時間と広域の空間にまたがる経済分析の第一義性、社会－経済的諸過程のホーリズム、そして主題の過渡的（発見的）性質を認めるようなパースペクティブを追求することを表明する。」

われわれは雑誌そのものとしても、三重の意味で世界大的であろうとしてきた、──歴史における主題内容の地理範囲において、論文の筆者において、そして読者において。しかし文字どおり世界大的であることは容易ではない。その一つに言語の問題がある。この三〇年、英語はたいていの学問的・社会的討論の主要な伝達手段となってきた。なるほどこれは便利なことであるが、しかし明白な欠点をもっている。英語以外の書きことばをもつ論者の寄稿を、量的にも質的にも弱めてしまった。読者も限られてしまった。くわえて英語的なフォーマットでの概念使用を強制することによって、議論を歪めてしまったのである。

Review 誌は当初からこの問題と格闘してきた。英語支配の影響を緩和しようと、われわれは二つの方法を試みてきた。第一にわれわれは、英語以外の言語による論文を詳細な英語版要約つきで掲載してきた。第二に他の言語で出された論文を英訳して掲載した。この日本語版の叢書は、われわれの第三の方法である。

何年かにわたって *Review* は、事実上、現実の世界とりわけ近代世界を論ずる論文を主にあつかってきた。しかしながら概念の再定義をしようとする試論について、それを掲載しようとしなかったわけではない。歴史の社会科学においていくぶん無視されてきたと思われる主題に対しては、われわれはことのほか味方となって誌面を提供してきた。長期波動の分析、いわゆる社会主義諸国の資本主義世界経済への編入の問題（これは一九七七年夏の創刊号で議論ずみの主題である）、一九四五年以後の議論にさきだつ開発諸理論、世界システムへの合体の諸様式、資本主義的生産の非賃労働的な諸形態などの主題に対してである。

ここにわれわれは日本の読者に向けて、特定の主題ごとに諸論文をまとめてみた。この叢書が日本での議論を活発にするだけでなく、日本の研究者がさらにいっそう *Review* に寄稿してくださる機縁となればと願っている。

（一九九一年春）

叢書〈世界システム〉1

ワールド・エコノミー

責任編集 I・ウォーラーステイン

I・ウォーラーステイン、T・K・ホプキンス、P・J・テーラー、F・フレーベル、D・ゼングハース、S・アミン。（市岡義章・原田太津男・山田鋭夫訳）

A5上製 二五六頁 **三二〇〇円**

（一九九一年六月刊 新装版二〇〇二年九月刊）

◇4-938661-28-4

THE WORLD-ECONOMY Immanuel WALLERSTEIN ed.

叢書〈世界システム〉2

長期波動

責任編集 I・ウォーラーステイン

I・ウォーラーステイン、T・K・ホプキンス、R・クームズ、A・ティルコート、J・B・テーラー、H・ブリル（宇仁宏幸・岡久啓一・遠山弘徳・山田鋭夫訳）

四六上製 二二四頁 **三〇〇〇円**

（一九九二年一月刊 新装版二〇〇二年九月刊）

◇4-938661-41-1

LONG WAVES Immanuel WALLERSTEIN ed.

●続刊 4 第三世界と世界システム
5 アナール派の諸問題

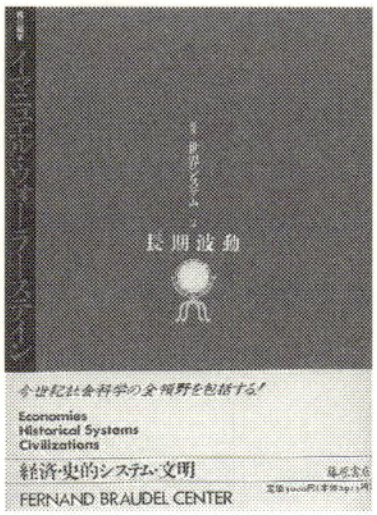

新しい総合科学を創造

脱＝社会科学

（一九世紀パラダイムの限界）

I・ウォーラーステイン

本多健吉・高橋章監訳

一九世紀社会科学の創造者マルクスと、二〇世紀最高の歴史家ブローデルを総合。新しい、真の総合科学の再構築に向けて、ラディカルに問題提起する話題の野心作。〈来日セミナー〉収録。（川勝平太・佐伯啓思他）。

A5上製 四四八頁 **五七〇〇円**

（一九九三年九月刊）

◇4-938661-78-0

UNTHINKING SOCIAL SCIENCE Immanuel WALLERSTEIN

世界システム論を超える

新しい学

（二十一世紀の脱＝社会科学）

I・ウォーラーステイン

山下範久訳

一九九〇年代の一連の著作で、近代世界システムの終焉を宣告し、それを踏まえた知の構造の徹底批判を行なってきた著者が、人文学／社会科学の分裂を超え新たな「学」の追究を訴える渾身の書。

A5上製 四六四頁 **四八〇〇円**

（二〇〇一年三月刊）

◇4-89434-223-5

THE END OF THE WORLD AS WE KNOW IT Immanuel WALLERSTEIN

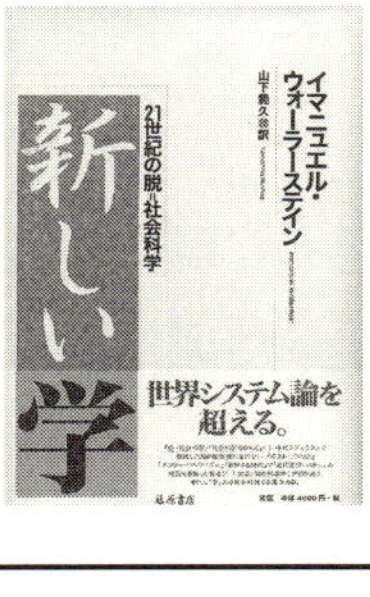